U0866288

QUANGUO GONGHUI ZHONGDIAN GONGZUO CHUANGXIN ANLI

全国工会重点工作创新案例

2025年第二季度

中华全国总工会◎编著

中国工人出版社

图书在版编目（CIP）数据

全国工会重点工作创新案例. 2025年. 第二季度 / 中华全国总工会编著. -- 北京：中国工人出版社, 2025. 8. -- ISBN 978-7-5008-8753-9

Ⅰ. D412.6

中国国家版本馆CIP数据核字第2025E8P355号

全国工会重点工作创新案例（2025年第二季度）

出 版 人	董 宽
责任编辑	蔡杰锦
责任校对	张 彦
责任印制	栾征宇
出版发行	中国工人出版社
地 址	北京市东城区鼓楼外大街45号 邮编：100120
网 址	http://www.wp-china.com
电 话	（010）62005043（总编室） （010）62005039（印制管理中心）
发行热线	（010）82029051 62383056
经 销	各地书店
印 刷	三河市万龙印装有限公司
开 本	710毫米×1000毫米 1/16
印 张	13.25
字 数	142千字
版 次	2025年8月第1版 2025年8月第1次印刷
定 价	68.00元

本书如有破损、缺页、装订错误，请与本社印制管理中心联系更换
版权所有 侵权必究

围绕高质量发展这一首要任务
充分发挥工人阶级主力军作用（代序）

徐留平

高质量发展是全面建设社会主义现代化国家的首要任务。工会是中国共产党领导的工人阶级群众组织，以党的旗帜为旗帜、以党的意志为意志、以党的使命为使命，围绕中心、服务大局是工会组织的优良传统和政治优势。新时代新征程，工会组织要全面贯彻落实习近平新时代中国特色社会主义思想和党的二十大精神，团结动员亿万职工贯彻新发展理念、服务构建新发展格局、推动高质量发展，为全面建成社会主义现代化强国、实现第二个百年奋斗目标团结奋斗。

一、深入学习贯彻新时代党的创新理论，调动激发亿万职工群众投身高质量发展的热情

党的十八大以来，在以习近平同志为核心的党中央坚强领导下，党和国家事业发展取得历史性成就、发生历史性变革，从根本上讲，就在于习近平新时代中国特色社会主义思想的科学指引。推动高质量发展，使命光荣、任务艰巨，更加需要坚持以习近平新时代中国特色社会主义思想为指导，深入学习贯彻习近平经济思想，回答好新时代为谁发展、如何发展、实现什么样的发展等一系列重大理论和实践问题，不断加强党对经济工作的全面领导，贯彻新发展理念、构建新发展格局，实现党的二十大确定的战略目标。工会承担着引导职工群众听党话跟党走、巩固党执政的阶级基础和群众基础的政治责任，这就要求工会组织必须加大对党的创新理论的宣传宣讲，夯实广大职工团结奋斗的共同思想基础，汇聚起亿万职工推动实现中国式现代化的磅礴力量。

把深入学习贯彻习近平新时代中国特色社会主义思想作为首要政治任务。举办劳模工匠党代表微宣讲、劳模工匠进校园、万名劳模宣讲党的创新理论活动，推动党的创新理论进企业、进车间、进班组，引导广大职工深入学习贯彻习近平新时代中国特色社会主义思想和党的二十大精神，学习贯彻习近平总书记关于工人阶级和工会工作的重要论述，深化广大职工对中国共产党领导和中国特色社会主义制度的政治认同、思想认同、理论认同、情感认同，深刻领悟“两个确立”的决定性意义，增强“四个意识”、坚定“四个自信”、做到“两个维护”，更加紧密地团结在以习近平同志为核心的党中央周围。

强化职工理想信念和形势政策教育。通过分众化、差异化、精准化的手段和措施，向广大职工宣传宣讲党的路线方针政策，引导广大职工深入学习习近平经济思想，深刻理解这一思想的丰富内涵、精神实质和实践要求，正确认识党和人民事业所处的历史方位和发展阶段，全面辩证客观看待当前我国经济社会发展形势，正确对待发展中的困难和问题，处理好个人与集体、当前与长远、局部与整体的利益关系，进一步增强直面挑战、攻坚克难的信心和干劲，以更大的热情投入高质量发展的伟大实践。

加强职工思想政治工作。聚焦新就业形态劳动者、农民工、青年职工等重点群体，把职工思想政治引领工作更多地落实落细到企业、车间、班组，把习近平总书记和党中央对职工群众的关心关爱传递到职工群众中。构建工会大宣传格局，充分发挥工会报刊、文化宫、职工书屋等传统宣传阵地作用，加快发展工会官网、微信公众号、微博、抖音号、微视号等新媒体，创建融媒体平台，实现线上线下同频共振。加强统筹协同，强化全国工会系统宣传教育统筹管理，强化与宣传、网信、文化等横向部门的协同合作，形成宣传工作合力。开展“网聚职工正能量、争做中国好网民”主题活动，做大做强主流思想舆论。

二、准确理解把握党中央重大决策部署，组织动员亿万职工在高质量发展中建功立业

高质量发展是“十四五”乃至更长时期我国经济社会发展的主题，关系我国社会主义现代化建设全局。当前，我国经济已由高速增长阶段转向高质量发展阶段，只有坚持创新成为第一动力、协调成为内生特点、绿色成为普遍形态、开放成为必由之路、共享成为根本目的的发展，加快推进质量变革、效率变革、动力变革，才能有效破解一系列结构性、周期性、体制性突出问题，才能有效应对外部环境变化带来的冲击挑战，才

能更好满足人民日益增长的美好生活需要。把全面建成社会主义现代化强国宏伟蓝图变为现实，推动党中央关于高质量发展的决策部署落实落地，工人阶级是主力军。工会是党领导下工人阶级群众组织，团结带领广大职工为实现党的中心任务建功立业是工会的重要使命，这就要求工会组织立足自身特点，牢牢把握当代工人运动时代主题，组织动员广大职工为实现高质量发展贡献智慧和力量。

深化产业工人队伍建设改革。发挥全总牵头抓总作用，紧扣产业工人思想引领、建功立业、素质提升、地位提高、队伍壮大等重点任务，研究制定深化产业工人队伍建设改革的意见，加强政策集成、力量统筹、资源整合和督促检查，提高产改实效。综合运用各方资源和力量，深入推进十大产业百家企业深化产改专项行动，针对不同所有制、不同行业、不同区域企业的不同特点，建立健全企业推动改革的体制机制，激发企业参与改革的内生动力，切实发挥企业在产业工人队伍建设改革中的主体作用。

广泛深入持久开展劳动和技能竞赛。立足完整准确全面贯彻新发展理念，加快构建新发展格局，着力推动高质量发展，围绕国家重大战略、重大工程、重大项目、重点产业，广泛深入持久开展各种形式的主题劳动和技能竞赛，探索“云竞赛”、新产业新业态竞赛等新形式，推动竞赛在提升职工技术技能素质、促进企业高质量发展、实现科技自立自强中发挥更大作用。加强工作指导，总结工作经验，推动在各层级、各地区、各行业、各条战线部署竞赛活动，进一步将竞赛向中小微企业、非公企业延伸，向车间班组延伸，向新技术新业态新模式领域拓展。

建设高素质劳动大军。针对高质量发展对劳动者素质提出的新要求，加强职工技术技能培训，广泛组织职工参加技术革新、技术协作、发明创造、合理化建议、网上练兵和“五小”（小发明、小创造、小革新、小设计、小建议）等群众性创新活动，加强新时代工匠学院建设，深化劳模和工匠人才创新工作室创建，发挥劳模工匠在提升职工素质中的示范引领作用。着眼于提升企业核心竞争力，充分发挥企业的主体作用，推动企业通过劳动竞赛、技能培养、畅通职业发展通道等点燃职工创新创造激情，广泛组织动员亿万职工以主人翁姿态全身心投入到全面建设社会主义现代化国家、以中国式现代化全面推进中华民族伟大复兴的历史洪流中。

大力弘扬劳模精神、劳动精神、工匠精神。开展“中国梦·劳动美”主题宣传教育，举办大国工匠创新交流大会、大国工匠论坛，加强职工创新成果展示交流，关心关爱劳模工匠，做好劳模评选表彰工作，推动落实劳模工匠待遇，提升劳模工匠地位，加强对低收入劳模的生活困难帮扶，做好劳模工匠疗休养、学习深造等工作，加强劳模和工匠选树宣传，面向各行业、各领域培育和宣传先进典型，选树“大国工匠年度人物”“最美职工”等，引导更多职工争当先进、争创一流，营造全社会尊重劳动、尊重知识、尊重人才、尊重创造的良好氛围。

三、认真履行工会维权服务基本职责，推动实现亿万职工共享高质量发展成果

推动高质量发展的最终目的是人民幸福安康。党的二十大对增进民生福祉、提高人民生活品质作出明确部署安排，强调要坚持以人民为中心的发展思想，维护人民根本利益，不断实现发展为了人民、发展依靠人民、发展成果由人民共享，让现代化建设成果更多更公平惠及全体人民。工人阶级是社会财富的创造者，也应该是发展成果的公平享有者。维护职工合法权益、竭诚服务职工群众是工会的基本职责，这就要求工会组织坚持以职工为中心的工作导向，把职工群众安危冷暖放在心上，以不断满足职工群众对美好生活的向往为目标，推动解决职工群众最关心最直接最现实的利益问题，让广大职工群众共享改革发展成果，获得感、幸福感、安全感更加充实、更有保障、更可持续。

维护好职工合法权益。推动落实就业优先政策，健全就业促进机制，高度关注下岗失业职工、高校毕业生等群体，开展全国工会就业创业系列服务活动，加大职工技能培训和转岗培训工作力度。加强新就业形态劳动者权益保障，深入推进新就业形态劳动者工会工作三年行动，推动头部平台企业建立工会、建立职工代表大会制度，推动平台企业合法规范用工、科学调整算法、完善劳动定额标准，推进职业伤害保障试点工作，加快解决新就业形态劳动者面临的劳动报酬、社会保险、休息休假、职业安全等突出问题。维护农民工合法权益，落实根治欠薪各项长效机制，持续推进解决拖欠农民工工资问题，推动常住人口平等享受城镇基本公共服务。建好用好工人文化宫、工人疗休养院、服务中心等工会服务阵地，搭建“互联网＋职工文化”平台，创新职工文化服务方式，丰富优质职工文化产品供给。

提升工会服务职工实效。聚焦职工群众海量的日新月异需求做好维权服务，完善以“普惠性标准服务＋精准性重点帮扶”为主体的工会维权服务体系，叫响做实送温暖、送清凉、金秋助学、职工医疗互助等工作品牌，加快工会数字化转型，组织开发直达亿万职工群众的线上维权服务平台，努力实现“全国连通、一端尽享”，为职工提供可感可知、直接直达的服务。巩固城市困难职工解困脱困成果，健全防止返困动态监测机制，推进中央财政职工困难帮扶资金项目实施，保障困难职工家庭基本生活。

推动构建和谐劳动关系。健全以职工代表大会为基本形式的企事业单位民主管理制度，坚持和完善职工董事制度、职工监事制度，切实保障职工的知情权、参与权、表达权、监督权。坚持和发展新时代“枫桥经验”“浦江经验”，加大劳动争议和纠纷的调处力度，建立健全全国职工群众维权服务“12351 机制”，经常性开展风险隐患排查化解，发挥协调劳动关系三方机制、政府和工会联席会议制度、“法院＋工会＋人社＋司法”四方联动机制、劳动人事争议多元处理等机制作用，培育选树基层协调劳动关系公共服务样板站点，将劳动关系矛盾和隐患化解在基层、消除在萌芽状态。

四、持续深化改革和建设，推动新时代新征程工会工作高质量发展

在推动高质量发展中更好发挥工会组织作用，必须不断深化工会改革和建设，把工会组织建设得更加充满活力、更加坚强有力。党的二十大对深化工会改革和建设、有效发挥桥梁纽带作用提出明确要求，这为工会改革创新提供了重要遵循和前进方向。当前，面对更加严峻的国际环境，面对更加迅猛的数字化浪潮，面对更加多元的职工诉求，面对更加复杂的劳动关系矛盾，与高质量发展的要求相比，工会工作仍然存在不少短板和不足，这就要求我们牢牢把握保持和增强政治性、先进性、群众性这条主线，以推进工会工作现代化为牵引，抓住增强基层工会活力、发挥基层工会作用这一关键环节，在建机制、强功能、增实效上下功夫，推动构建联系广泛、服务职工的工会工作体系，以新时代工会工作改革和建设成效更好服务经济社会高质量发展。

坚持政治性这一工会组织的灵魂。始终把坚持党的领导作为工会工作的最高政治原则和根本保证，把深入学习贯彻习近平新时代中国特色社会主义思想作为首要政治任务，与学习贯彻习近平总书记关于工人阶级和工会工作的重要论述贯通起来，健全学习新时代党的创新理论的制度性安排，及时传达学习习近平总书记重要指示批示和党中央重大决策部署，深刻领悟“两个确立”的决定性意义，增强“四个意识”、坚定“四个自信”、做到“两个维护”，始终在思想上政治上行动上同以习近平同志为核心的党中央保持高度一致。巩固拓展学习贯彻

习近平新时代中国特色社会主义思想主题教育成果，坚定不移全面从严治党，深入推进新时代党的建设新的伟大工程，强化党组织政治功能和组织功能，深化政治机关建设和模范机关创建，全面促进党的建设高质量发展。

将先进性作为工会工作的重要着力点。加强工会工作体系化建设，研究制定《工会工作服务化、体系化、品牌化、创新化、数字化建设方案》，以服务化为目标谋划思路，以体系化为架构提升水平，以品牌化为载体扩大影响，以创新化为关键增强活力，以数字化为支撑赋能升级，推动实现工会业务要素化、结构化和流程化。加强智慧工会建设，充分运用数字化、智能化最新工具和手段，全面提升工会工作数字化水平，构建全总、产业工会、地方工会、基层工会之间高质高效的矩阵网络系统。建立全总党组周例会制度和一级、二级重大工作周度检查布置制度，健全全总全年工作大计划、各部门月度工作计划检查点评机制以及周工作循环机制，狠抓落实和执行，提高工作计划性、部门协同性和落实及时性。

突出群众性这一工会组织的根本特点。树立大抓基层的鲜明导向，稳步推进“县级工会加强年”专项工作，把力量和资源进一步向基层倾斜，夯实工会基层基础，鼓励基层大胆探索、积极创新，及时总结基层创造的鲜活经验，更好示范带动面上工作，使基层工会真正建起来、转起来、活起来、强起来。大兴调查研究之风，深入企业、深入车间、深入职工，掌握实情、把脉问诊，切实了解基层实际情况，推动解决职工急难愁盼问题。健全完善工会干部育选管用工作体系，完善对机关部门、干部职工和直属单位的考评制度，强化考核结果运用，增强干部推动高质量发展本领、服务群众本领、防范化解风险本领。完善机关干部基层联系点、定期接待群众来访制度，增加全总机关干部赴基层蹲点频次、拓展蹲点范围，实现全总机关干部“一竿子插到底”，联系最基层、直接服务一线职工群众。

［本文系中华全国总工会党组书记、副主席、书记处第一书记徐留平同志在《习近平经济思想研究》（2024 年第 1 期）发表的署名文章］

目 录

CONTENTS

‖ 三、产业工人队伍建设工程 ‖

‖ 四、工会维权服务提升建设工程 ‖

‖ 五、工会数智化建设工程 ‖

‖ 六、工会解决职工群众急难愁盼问题“12351+”专项行动 ‖

‖ 七、工会维权服务新就业形态劳动者三年行动 ‖

‖ 八、非公企业工会建设三年行动 ‖

‖ 九、“小三级”工会建设三年行动 ‖

‖ 十、涉工法律规定执行监督专项行动 ‖

‖ 十一、农民工、困难职工、女职工等重点群体维权服务工作 ‖

‖ 十二、劳动关系协商协调工作 ‖

‖ 十三、劳动领域政治安全工作 ‖

‖ 十四、产业工会更好发挥作用工作 ‖

‖ 十五、工会外事和港澳台工作 ‖

‖ 十六、选树培育推广先进典型标杆工作 ‖

‖ 十七、财务资产监督管理和经费审查审计工作 ‖

‖ 十八、自身建设改革工作 ‖

‖ 十九、工会系统党建工作 ‖

一、职工群众思想政治引领建设工程

陕西宝鸡市总工会组建百人宣讲团
打造工人大思政课“多彩课堂”

一、案例概述

宝鸡市总工会立足全市工业门类齐全及装备制造业、新能源、钛材等产业群体密集的实际，创新组建百人宣讲团，打造形成多维“劳模课堂”、鲜活“身边课堂”、线上“云课堂”三位一体的宝鸡工人大思政课“多彩课堂”。累计开展线下宣讲活动 580 余场、线上直播 120 余场，覆盖职工 55 万人次。

二、针对问题

基层师资与课程短板：基层工会缺乏专业思政师资和优质

课程，资源整合共享不足，难以满足多样化需求。

宣教模式不够丰富：灌输式理论教育形式较为枯燥，职工参与度低、效果有限。

线下覆盖范围受限：受时空限制，线下宣教难以覆盖偏远区域和企业一线职工，传播力不足。

三、主要做法

（一）精心组建队伍，打造多维“劳模课堂”。

精心组队：从宝鸡文理学院等高校教师、全市各级劳模工匠、资深工会干部和一线职工中选拔 130 人，组建百人宣讲团，结合各县区、各企业、各行业实际开展宣讲活动，实现“宝鸡工会大讲堂”常态化开讲。

统筹落地：创新构建“市级统筹资源、县级精准落地、企业深度融合”模式，打造全域宣教网络。市总工会整合劳模创新工作室、工匠学院和各级职工思想政治教育基地开展宣传教育活动。县级工会结合区域产业开展特色宣讲，如“机床旁的劳模课堂”“田间地头匠心课”等。企业工会开设“劳模流动课堂”“工间 15 分钟微宣讲”等，采用“专家讲理论、劳模讲奋斗、职工讲实践”的方式，让职工群众在劳动间隙开展学习。

（二）构建“基地浸润 + 文艺赋能 + 现身说法”宣教模式，打造鲜活“身边课堂”。

强化基地浸润：建成劳模文化主题公园、工人运动发展史馆，培育长乐塬抗战工业遗址等 13 个职工思想政治教育基地；建成 4 所劳模工匠学院，在爱心驿站、职工之家、职工书屋等工会服务阵地中增加宣传元素。

突出文艺赋能：组建有 10 支“文艺轻骑兵”的职工艺术团，挖掘宝鸡“中国钛谷”“汽车名城”等特色，创作《钛锭里的初心》情景剧、快板《宝鸡技工铸辉煌》等 20 余个原创节目，大大激发了企业工人学习劳模、赶超先进的工作热情，增强了企业工人积极向上、开拓创新的动力，也把党的温暖和工会的关怀送给工人兄弟。

开展现身说法：工会干部组织一线职工组建“身边宣讲团”，如钳工田浩荣现身说法，在秦川机床车间以“一把锉刀的精度革命”为题分享技能成才故事，打造生产现场“移动课堂”，让思想教育真正扎根生产一线、走进职工心间。

（三）深化数智赋能，打造线上“云课堂”。

宣传有声音：依托市级融媒体和短视频平台及网站、微信公众号等资源，通过图文、短视频、直播等多种形式，开设“百年工运故事”“劳模先进在行动”等专栏，集中刊播宣传各级劳模奋斗故事。依托数智化手段整合媒体资源，构建“一次制作、多端分发”的工作模式，使职工参与率大幅提升。

指尖有互动：打造“5G+ 直播”课堂，对宝鸡职工艺术季各项演出和全国劳模宣讲活动进行现场直播，在线观看人数达 30 万人次。开展“百年工运史”云竞赛、云宣讲、云读书分享等活动，38 万人次参与。

云端有课程：邀请劳模工匠、专家学者录制线上“劳模工匠大讲堂”、一线职工绝活展示等微课视频 20 余部，将宣传教育与岗位实践深度融合。

四、经验启示

资源整合：通过“工会干部 + 劳模工匠 + 专家名师 + 一线职工”的多元协同，构建市、县、企三级联动机制，实现师资、课程、阵地高效整合。

载体创新：将思政教育融入实景体验、文艺创作、生产实践，以“场景化叙事 + 沉浸式互动”提升吸引力与感染力。

数智赋能：依托线上平台打破时空壁垒，通过直播、微课、云竞赛等形式扩大覆盖面，推动思政教育从单向灌输转向双向互动。

中国铁路哈尔滨局集团有限公司工会
创新青年职工思政教育模式

一、案例概述

中国铁路哈尔滨局集团有限公司工会创新“哈铁青工思政课”培训新模式，将思政教育与生产实践紧密结合，建立完善师资课程体系与制度保障体系，提升了青年职工的职业认同感和业务水平。

二、针对问题

理论教学与实践场景融合不足：青年职工难以直观理解劳模精神、劳动精神、工匠精神的内涵。

理论指导与实际应用的衔接不足：课程内容与铁路行业实践结合不够，缺乏具象化案例和技术性讲解，教育效果受限。

思政培训系统性规划不够：未能深度融入职工职业发展全过程，存在“一阵风”现象。

三、主要做法

（一）教学场景下沉一线。

将思政课堂从教室搬到生产一线和模拟实训场，组织新入职青年职工分批次深入铁路车务、机务、工务等专业设备现场，具象化感悟劳模精神、劳动精神、工匠精神的实质。

邀请劳模工匠进行标准化作业示范，通过实操演示与同步讲解相结合的方式，系统展示设备操作要领、作业安全规范，深入阐释“在岗一分钟、负责六十秒”的哈铁精神内涵。让青年职工切身体验铁路作业的精密流程与责任要求，直观理解岗位操作的技术复杂性及作业标准的严谨性。

新职工报到当天，在实训现场开展“安全思政第一课”，深入剖析典型安全事故案例，将事故惨痛教训与按标准作业即守护生命紧密相连。借助“实景化”思政教学，促使思政教育从知识传授迈向价值塑造，从被动聆听转为主动感悟，显著提升教育吸引力与说服力。

（二）专职思政教师、劳模共同备课。

建立由专职思政教师，特邀劳模工匠、铁路工匠、龙江工匠，党校专家、全国及省级劳模、集团公司青马讲师构成的师资库。

依托“哈铁青工思政课”平台共同备课，融合劳模工匠的感人事迹、技术攻关故事与思政教师的理论专长，提炼其中蕴含的哈铁优秀传统。

聚焦闪光瞬间开发10个5分钟理论微课，制作技术规范详解与精神内涵融合的10个45分钟精品课，梳理职业发展与价值追求的2个90分钟职业规划专题课，开发《中东铁路与红色基因传承》等52门特色课程，使得思政教育与实践紧密相连。

（三）制度保障全程覆盖。

建立由工会顶层设计、工匠学院主体实施、相关专业部门协同推进的制度体系。规定新入职、新转岗、新晋升人员必上思政基础课，10日及以上的专业技能培训班必设独立思政模块，安全生产月、春暑运等时间节点必邀请劳模工匠开展专题思政教育。

制定《职工职业生涯全过程关爱服务的实施办法》，细化并规范包括思政教育在内的45条操作性落实措施，组织20家基层单位工会作为试点，将思政教育贯穿青年职工职业发展各个关键节点。

开展“好师傅好徒弟”培育活动，师傅在传授技能时同步传承哈铁优良传统，实现业务指导与思想引领同频共振。截至2025年，已培训3356名青年职工。

四、经验启示

场景化教学让思政课入脑入心：贴近生产实际的实景教学，能让抽象理论转化为直观体验，增强教育感染力。

师资融合提升课程生命力：打破传统模式，推动劳模工匠与思政教师协同开发课程，实现技术硬实力与思想软实力的双向赋能。

制度化保障确保长效落实：通过顶层设计将思政教育纳入职工成长全流程，形成常态化思想引领机制。

二、职工群众建功立业、创新创造建设工程

江苏徐州市总工会运用“职工之家”APP创新举办跨区域职工职业技能竞赛

一、案例概述

徐州市总工会依托“职工之家”APP平台，创新打造“线上素质提升 + 线下现场比拼”的“双线竞赛”模式，突破跨区域职业技能竞赛的组织壁垒。通过联动江苏、安徽、山东、河南四省交界地区的10个城市，聚焦装备制造、电力等产业需求，开展机修钳工、电力监控系统网络安全等4类工种竞赛，实现竞赛成本降低、覆盖面扩大、职工技能提升的多赢效果，为区域协同发展提供技能人才支撑。

二、针对问题

跨区域协作难度大：四省交界地区产业相近、区域组织界限明显，竞赛项目统筹、赛制标准统一、裁判选派等组织工作存在协调难题。

常规办赛成本高：线下竞赛需投入平台开发、课程设计、宣传推广等资源，区域城市的人力、资金压力较大。

实施效果受限：单纯线上或线下竞赛难以覆盖不同技能水平的职工，且缺乏持续激励机制，易出现“参与热、转化低”问题。

三、主要做法

（一）聚焦区域协调发展，破解跨区域竞赛组织谋划难题。

区域联动制定标准：创新实施“共商赛制、共议工种、共推裁判”竞赛模式，聚焦各区域主导产业发展特点和数智化发展需求，选取各市重点发展的装备制造业及较为通用的电力行业，确定机修钳工、机电设备维修工、电力监控系统网络安全、电能计量 4 个竞赛项目，联合制定竞赛规则和评分标准。

通过平台广泛动员：通过“职工之家”APP 发布竞赛专区，联合全国网上工匠学院推广，扩大赛事影响，方便广大职工报名参赛，激发了区域职工参赛积极性。

（二）运用“职工之家”APP 功能，破解跨区域竞赛成本较高难题。

搭建专属赛区：在“职工之家”APP“劳动竞赛”模块上线“苏皖鲁豫省际交界地区职工职业技能竞赛”网上练兵活动专区，运用“技能比赛”模块提供优质课程资源和 4000 多道专业题库，职工进入专区选择参赛工种后，可以一键参加练兵和匹配答题，并在线查看排名和电子证书。

降低各项成本：节省竞赛平台开发成本、课程成本和宣传经费，同步实现了工会工作内容丰富、模式创新。网上练兵活动先后吸引全国 31 个省（区、市）205 个城市的 28.41 万人次热情参与，14.65 万人参赛答题，累计答题 152 万道。

（三）整合线上线下办赛资源，破解跨区域竞赛组织实施难题。

线上线下衔接设计：依托“职工之家”APP 优质线上资源和全国总工会重点支持的工匠学院力量，举办线下实操技能比武竞赛，邀请国赛裁判长、知名工匠担任命题专家，来自苏皖鲁豫省际交界地区四省十市百余名选手现场竞技。

资源整合强化保障：各区域节点城市根据实际情况对本地参赛选手予以一定激励支持，如徐州等市将竞赛纳入市级示范竞赛或一级竞赛，淮北等市对竞赛选手给予物质奖励并择优晋升技能等级等，实现了线上练兵成效向线下技能比武延伸、网上学习成果向现场实操竞赛转化，累计助力 1.5 万多名职工提升技术技能素质。

四、经验启示

平台思维破壁垒：通过“职工之家”APP 整合跨区域资源，以线上练兵扩大参与基数，以线下竞赛提升技能水平，实现“轻投入、广覆盖、深融合”。

机制创新促协同：共商赛制、共享题库、共推标准的协作模式，既满足区域产业差异化需求，又形成统一规范，为跨区域协作提供范式。

激励闭环保长效：将线上练兵数据与线下选拔结合，配套技能等级晋升、物质奖励等政策，形成“以赛促学、以学促干”的良性循环。

云南省煤炭电力化工工会推动产业链上非公企业劳动竞赛扩面提质

一、案例概述

云南省煤炭电力化工工会聚焦全省硅光伏、新能源电池、绿色铝 3 个产业链，以产业园区为平台，以非公企业为重点，以产业链为依托，广泛开展劳动竞赛，打破以往非公企业劳动竞赛由所在地区组织实施的方式，探索构建了由省级产业工会牵头，州市和产业园区总工会联动办赛，资源共享、信息互通的格局，不仅促进了非公企业劳动竞赛扩面提质，而且助推了非公企业建会入会和工会建设等工作。

二、针对问题

统筹较难：非公企业大多小、散，而且点多面广，组织开展劳动竞赛在统筹组织、规模覆盖上有一定困难。

平台不足：部分非公企业受发展限制，相对自我封闭，没有参加大赛的经历，一定程度制约了技术骨干的学习、交流和提升。

方式单一：地市级工会组织非公企业劳动竞赛，往往项目和工种单一，加上经费保障有一定难度，竞赛规模较小、吸引力不够。

三、主要做法

（一）直通基层，构建三级联动竞赛组织体系。

构建组织体系：组建由云南省煤炭电力化工工会牵头，8 个州市总工会、8 个重点产业园区总工会为成员的“工会工作联盟”，形成“省级产业工会 + 州市总工会 + 园区总工会”三级联动的组织体系。

建立工作机制：印发《产业园区劳动和技能竞赛组织实施流程》，明确竞赛工作架构、任务目标；逐年列出年度竞赛任务清单，每半年召开工作推进会，定期跟踪各单位竞赛动态、解决难点问题、发现典型经验，进而形成事项同议、难题同解、任务同推、实施同向的工作格局。

（二）聚焦重点，按照产业链分布打造三条赛道。

明确竞赛重点：围绕硅光伏、新能源电池、绿色铝三个产业链，列出产业园区企业分布表，梳理形成产业链竞赛内容和工种清单，提出聚焦打造“六型班组”的竞赛形式。

划分赛道实施：结合园区特点，区分重点，设置三个竞赛赛道，比如：在曲靖市等硅光伏产业集中的园区，重点赛加工精度、自动化操作能力等内容；在安宁市等新能源电池产业集中的园区，重点赛化学检验、成本控制等内容；在文山壮族苗族自治州等绿色铝产业集中的园区，重点赛节能降耗、清洁生产等内容。

（三）增强吸引，非公企业参赛面正逐步扩大。

加大经费保障：近两年，云南省总工会和“工会工作联盟”各成员单位投入 120 万余元经费，补助非公企业开展竞赛活动。

注重典型带动：选取 6 个具有一定规模、竞赛成效明显的链主企业，宣传推广典型做法，吸引产业链上其他企业参赛。2024 年，有 31 家非公企业、近 2.3 万名非公企业职工参与到产业链劳动竞赛中；2025 年上半年，参赛非公企业已达 44 家、职工达 3.8 万多人。

注入工会资源：坚持“竞赛 + 服务”的方式，将竞赛涌现的技术状元、技术能手和先进个人纳入培训、疗休养活动，把参赛企业纳入省总工会和州市总工会送温暖、送清凉等活动中，使竞赛影响逐步拓展、聚合效应逐渐放大。

四、经验启示

融合力量促竞赛：竞赛组织要力争拓展，做到整合产业链涉及地区的工会力量，形成多级合力共抓劳动竞赛的格局，实现事项共议、资源共享、工作共推。

聚焦产业强竞赛：竞赛重点要聚点成线，做到以产业链为牵引，始终突出、贴合链上非公企业分布情况、主营业务、工种特点等内容，充分调研选取共性设置竞赛内容。

整合资源推竞赛：竞赛保障要多方融入，力争注入各级工会工作资源，丰富竞赛内容、形式，为人才交流、成长成才，以及工会建设搭建新平台，吸引更多非公企业和职工参与。

三、产业工人队伍建设工程

中国商飞工会从技术人才培养各环节着手
打造一流产业技术工人队伍

一、案例概述

大飞机是技术密集、人才密集的高端装备制造业，技术技能人才在大飞机产业发展中发挥着关键作用。中国商用飞机有限责任公司（简称“中国商飞”）工会针对技术技能人才产教融合、技能提升、职业发展路径等方面问题，注重开展校企合作、进行针对性培训、优化激励机制等，激发产业工人提升技能、创新创造的热情。

二、针对问题

技能人才培养与产业需求对接不紧密：职业学校课程设置、师资、实习基地建设难以满足产业发展需求，职业院校学生所学技能难以转化为实际工作能力。

在岗职工培训有效性待提升：培训方式单一，培训资源分散，难以满足产业工人个性化、多样化的学习需求。

职工评价激励机制待完善：产业工人技能评价体系不完善，职业发展受限，经济收入偏低，技能价值未充分体现，技能提升动力不足，职业吸引力不足。

三、主要做法

（一）与职业院校对接，培养岗位所需的技术型职工。

建立产教融合联盟：依托大飞机工匠学院，联合 18 家企业单位、23 家院校单位成立大飞机产教融合联盟技能人才子联盟，构建“师资共育、资质共建、课程共融、场地共用、平台共享、信息共通”的校企合作模式。

实行“订单式”培养：与上海第二工业大学等 7 家院校举办“订单班”，明确到 2035 年培养技能人才 15000 人、技能精兵 5000 名，实现“学校精准培养，人员匹配岗位，更快融入生产”的目标。

（二）进阶式开展技能培训，有效提升职工专业技能。

搭建课程实训平台：在工匠学院等打造“企业—部门”两级课程库，开发培训课程 7300 余门，搭建模拟驾驶、VR 训练、全息投影教学等仿真智慧练兵场。

搭建高师带教平台：依托中国商飞 45 个劳模工匠职工创新工作室以老带新、带徒传技，每年产生 10 名工人发明家、100 名创新达人，9 年来提出改善提案超过 23.6 万条，形成超过 17.2 万个改善型创新成果。

搭建进阶提升平台：开设拔尖技能人才培育班，技能人才学历提升班，蓝宝石人才工程百名“双师型”人才，特色技师、优秀班组长培养班等，与国外航空知名企业共建“技师学院”。

（三）优化评价激励机制，职工职业发展路径更加清晰。

开展自主评价：面向 36 个职业、58 个工种开展技能等级企业自主评价，对标“新八级工”职业技能等级制度，结合企业实际形成 11 级 14 档职业技能等级。

畅通职业发展路径：建立健全“纵向可晋升、横向可交流”的树形职业发展路径，产业工人既可走技能人才发展通道，最高可达到所在单位正职领导待遇，也可“转换赛道”担任现场工程师和管理人员。

完善薪酬分配制度：建立健全以技能价值为导向的“工时 + 架次”绩效分配制度，坚持向一线倾斜、向火线倾斜，落实社会奖励、专项奖励、技能津贴等多元奖励模式，实现多劳多得、技高者多得、创新者多得。公司高级工及以上技能人才占比已达 53%，超过 50% 的职工获得中高级以上专业技术职称。技师、高级技师薪酬水平与工程师、主管工程师薪酬水平基本持平。先后涌现出 16 名全国技术能手和 10 名上海市技术能手，3 名大国工匠、12 名上海工匠和 20 名大飞机工匠等。

四、经验启示

产教融合：通过与职业院校深度合作，构建资源共享、优势互补的合作模式，实现了从学校到岗位的无缝对接，解决了人才供需“两张皮”的问题。

分层分类培训：通过搭建多层级的培训平台，结合实际生产需求开发课程，利用先进技术和师带徒模式，有效提升了职工的技能水平和创新能力。

优化激励机制：通过建立科学的技能评价体系和多元化的薪酬激励模式，让技能提升与职业发展、收入增长直接挂钩，充分激发了职工的积极性。

新疆众和股份有限公司工会
探索走出非公企业产业工人培育新路径

一、案例概述

产改在非公企业如何更好落地，是产改工作一项重要课题。新疆众和股份有限公司是全国最大的高纯铝和铝电解电容器用电子铝箔生产民营企业，公司工会着力健全组织保障、改革选才标准、多元立体培育、加大激励力度，建立健全工匠人才培育体系，产业工人技能水平显著提升、职业发展前景更加广阔，探索形成了产改在非公企业落地的有效路径。

二、针对问题

非公企业产改组织领导待加强：组织领导机构不健全，产业工人队伍建设没有专项工作方案，未纳入企业人才培育规划。

人才选拔机制待完善：人才选拔标准单一，对技能人才的评价还存在唯学历、唯职称倾向。

人才培育资源手段不足：对产业工人技能培训的重视不够，投入不足，培训形式单一，资源手段有限。

三、主要做法

（一）健全组织保障体系。

组织保障：成立党委书记挂帅的工作领导小组，统筹推进工匠型人才团队建设。

制度保障：制定《新疆众和股份有限公司推进产业工人队伍建设改革实施方案》，系统规划职业发展通道，建立完善工匠培育组织体系，实现了工作的顶层设计和系统推动。

（二）改革选才标准机制。

面向基层选才：制定《新疆众和工匠推荐选树办法》，打破学历职级壁垒，重点面向基层一线，建立跨部门评选领导小组，形成“基层推选—专业审核—多维度激励”的全流程选拔机制，实现对有真才实学但学历或职称不占优的一线能工巧匠进行选拔，引导能工巧匠快速成长。

人才结构升级：开展产改以来，公司本科及以上学历占比提升至 40.1%，形成“8 博士 +101 硕士 +12 高级技师”的高端人才梯队；培育省级以上技术能手 100 余人，获评“国家级高技能人才培训基地”等称号。

（三）构建多元立体培育体系。

资源整合：整合 20 余个国家级或自治区级平台资源，形成“培训 + 竞赛 + 实践”三位一体培育体系。

分层培养：建立“入职培训—岗位理论—师带徒实操—上岗取证—技能鉴定”五阶培养链，创新“线上乐学网 + 线下职工讲堂”双轨学习模式，实现内部外部资源有效整合，减少培训零敲碎打、效果不佳的问题，年度开展专项培训 3200 人次。

项目化培养：推行“项目制 + 导师制”培养模式，通过参与重点项目、研发新产品项目等实践，近三年开展技术攻关项目 89 项，导师带徒转化率达 85%。

（四）完善多维激励机制。

荣誉体系：建立新疆众和荣誉体系，打造不同类别、不同层次的个人荣誉成长阶梯，搭建从班组标兵到公司先进个人，从众和工匠到新疆工匠的机制，每年投入 100 万元奖励资金，激发职工成长动力。

薪酬挂钩：与薪酬、福利等方面挂钩，提供更广阔的职业发展空间。

文化营造：利用升旗仪式、表彰会对工匠技能人才进行表彰宣传，营造尊重工匠、学习工匠的良好氛围。通过“成长通道 + 能力提升 + 价值回报”机制，技能认证参与度提升 60%，职业发展诉求解决率达 92%，职工获得感测评得分连年增长 15% 以上。

四、经验启示

非公企业是产改工作重要阵地：开展产改能破解传统人才选拔局限，激发一线工人潜力，适应技术密集型产业发展需求，提升企业竞争力。

非公企业产改需紧扣产业升级需求：将技能提升与创新创造结合，实现“人才红利”向“发展动能”转化，推动企业向高端制造业转型。

非公企业产改需聚焦留人育人：通过构建“培训 + 竞赛 + 实践”三位一体的培养体系，为产业工人提供多元化的成长路径。优化激励机制，将技能认证、创新成果与薪酬待遇挂钩，营造尊重技能、崇尚创新的文化氛围。

四、工会维权服务提升建设工程

新疆维吾尔自治区总工会
调动全疆劳动监察部门力量 限期解决欠薪难题

一、案例概述

新疆维吾尔自治区总工会针对欠薪问题侵害职工权益的痛点，通过主动排查线索、调动劳动监察部门力量、建立失信惩戒机制、开展困难帮扶等举措，构建排查、化解、帮扶维权体系。2024 年以来，累计限时办结欠薪案件 1.22 万个，涉及金额 1.45 亿元，有效保障职工工资按时足额支付。

二、针对问题

欠薪线索排查困难：欠薪易发多发行业领域存在线索难以

全面掌握的问题。

欠薪案件处理不及时：劳动者维权过程中存在处理效率低下的情况。

特殊困难职工帮扶缺乏针对性：对于复杂欠薪事件中生活困难的职工帮扶措施不够完善。

三、主要做法

（一）协同开展线索排查。

发挥信息共享机制作用：发挥劳动保障维权信息共享机制作用，指导各级工会联合劳动监察部门，深入欠薪易发多发重点行业领域开展欠薪线索排查。区总工会负责及时汇总“12351职工服务热线”收集的欠薪线索，区人社厅负责在“农民工欠薪监测预警平台”搭建“总工会转送线索”模块，及时将工会收集的欠薪线索纳入统一排查清单，重点关注“拖欠金额大、涉及人数多”的欠薪事件并向属地劳动监察部门预警。

建立台账管理：区总工会对排查中发现的“久拖未决”的欠薪问题线索全部建立台账，做到“三清三明一掌握”，即：欠薪项目清楚、欠薪金额清楚、涉及人数清楚；各方责任明确、化解措施明确、办结时限明确；对欠薪职工影响情况掌握。

（二）联动化解欠薪问题。

纳入全区重点事项：以“整治群众身边不正之风”工作为契机，将劳动者维权处理不及时问题作为自治区全年重点整治事项。

多部门联动：工会对“拖欠金额大、涉及人数多”的项目主体或企业下发“一函两书”告知函，将恶意拖欠工资的项目主体或企业信息推送至发改、人社等部门，建议纳入失信联合惩戒对象名单，推动欠薪案件限期解决。工会联合人社、司法、法院、检察院和相关行业主管部门，发挥协商调解、法律援助、纠纷调解等机制作用，推动尽快化解欠薪问题。

（三）深入开展困难帮扶。

开展送温暖慰问：指导全区各级工会摸排当地“久拖未决”欠薪事件中生活出现临时性困难的职工，以“实名制”形式及时开展送温暖慰问，助其渡过难关。

纳入困难职工档案：对于欠薪事件特别复杂，项目层层转包导致追责主体缺失，短时间内拿不到工资、生活遇到困难的职工，纳入困难职工档案，实现应帮尽帮。

（四）完善维权机制。

建立失信名单：通过建立欠薪企业“失信名单”、开展三方联动等方式，共享信息、整合力量、优化流程，不断完善维权机制、丰富维权措施、提高维权效率，提高企业违法成本，确保职工工资按时足额支付。2024 年以来，累计限时办结欠薪案件 12180 个，涉及金额 1.45 亿元。

四、经验启示

建立部门间优势互补、效能衔接的维权工作机制：发挥各级“工会 + 人社 + 信访”维权职能，加强劳动保障监察与工会劳动法律监督的协作配合。

加强“农民工欠薪监测预警平台”建设：通过数智赋能将

各级工会摸排的欠薪线索导入平台，调动全区各级劳动监察部门力量，推动解决农民工欠薪问题。

提高失信惩戒违法成本：将恶意拖欠企业纳入失信名单，联动发改、人社等部门实施联合惩戒，形成“一处违法、处处受限”的约束机制。

贵州毕节市总工会打造“工会驿站 + 就业服务”融合模式 构建数字化就业服务新生态

一、案例概述

贵州毕节市总人口约 950 万，作为西部人口大市，长期面临“就业难”与“招工难”并存的结构性矛盾。毕节市总工会创新整合线下工会驿站与线上“就业帮扶云”平台资源，将 313 个工会驿站升级为“一站式”智慧就业服务综合体，通过数字化赋能、精准对接和技能培训，推动就业服务覆盖零工群体、新就业形态劳动者及返乡农民工等重点人群，累计服务超 8 万人次，成功促成 7000 余人就业意向，探索出工会就业服务的新路径。

二、针对问题

劳动力市场供需结构失衡：劳动力市场存在“就业难”与“招工难”并存现象，岗位匹配率低。

传统服务模式有局限性：线下就业服务受时空限制，难以覆盖零散务工群体及新就业形态劳动者。

技能培训与需求脱节：培训内容与企业实际用工需求衔接不足，针对性不强。

三、主要做法

（一）拓展工会驿站就业服务功能。

线上线下融合：毕节市总工会以“就业帮扶云”平台为核心，将全市 313 个工会驿站升级打造为“一站式”智慧就业服务综合体，在驿站显著位置增设云平台宣传入口和操作指南，延伸线上服务触角；利用工会驿站随时对外开放的优势，打破传统就业服务时空限制，变就业服务固定窗口为工会驿站全天候服务区域。

精准对接需求：在工会驿站内实现了岗位信息精准发布、个性化职业指导、便捷技能培训报名、政策咨询等功能。通过工会驿站与“就业帮扶云”平台构建的立体宣传网络，有效覆盖零工群体、新就业形态劳动者及返乡农民工等重点群体，累计服务职工超 8 万人次，高精准发布岗位 2 万余个，成功促成就业意向 7000 余人。

（二）强化工会驿站线下推广效能。

微型招聘会：充分发挥驿站线下流量入口优势，通过举办各类微小型线下招聘会的方式，为求职者搭建精准对接桥梁，大幅提升人岗匹配效率。

就业直播：开展“工会主席线上岗位推介”活动，工会驿站同步进行线下宣传推广，广泛动员职工在线观看互动，通过线上对接实现岗位精准推送。目前，已依托工会驿站举办线下招聘会 20 余场，成功为 1.4 万个岗位与 1 万余名求职者搭建对接桥梁，匹配成功率显著提高。“工会主席就业直播”等创新形式吸引超 4 万人次参与。

（三）依托工会驿站优化技能培训。

需求导向培训：依托工会驿站网格优势，工会主动对接企业，推出紧贴市场需求的技能培训课程，量身定制开设“企业定制班”。2024 年以来，累计举办各类技能培训 100 场，精准覆盖学员 2000 人次。

四、经验启示

数字化赋能传统阵地：通过“云平台 + 驿站”轻量化改造，将固定服务窗口转化为全天候就业服务载体，突破时空限制。

“小快灵”活动激活线下流量：以微型招聘、就业直播等灵活形式吸引群众参与，结合线上数据匹配技术提升转化效率。

培训与岗位需求直接挂钩：利用平台精准采集供需两端需求，定制培训课程，实现“技能提升—岗位适配”无缝衔接。

五、工会数智化建设工程

河北省总工会全方位融合“职工之家”APP促进工会工作数智化提效升级

一、案例概述

河北省总工会依托“职工之家”APP技术框架与数字身份体系，60天内建成“职工之家·河北”客户端，形成“全总能力底座+河北特色服务”的数智化升级路径，为缺乏自有APP的省级工会数智化工作探索出一条低成本、高效率、可持续的提效升级路径。

二、针对问题

缺乏自有移动客户端：长期依赖PC端及微信公众号、小程序等第三方平台为职工提供服务，建设自主性不足。

身份认证与数据互通难度大：各平台数据标准不一，工会会员身份认证困难，跨层级、跨区域数据共享难度大。

服务资源较为分散：省市县三级工会服务资源重复开发，基层活力未释放，精准服务缺乏数据支撑。

协同机制不完善：省级统筹与基层执行脱节，资源调配滞后于职工需求变化，服务响应效率有待提高。

三、主要做法

（一）搭建双轨并行平台架构。

技术融合：遵循全总统一技术标准，采用“原生 APP 插件化”开发模式，在“职工之家”APP 内嵌入“河北板块”，同步集成全总入会转会、12351 热线等 12 项通用功能，实现“零代码”快速部署。

特色开发：叠加开发冀工学堂（思想引领）、冀高一筹（技能大赛）、工匠学院（技能培训）、创新案例（典型推广）等 8 大本地化应用，形成“全总通用功能 + 河北专属服务”双轨并行的门户架构，既确保平台兼容性，又突出河北地域特色，满足职工多样化需求，节约建设维护成本 90% 以上。截至 2025 年 6 月底，“职工之家 · 河北”APP 下载量近 50 万次。

（二）创新数据整合与身份管理。

数据整合：以全总数据标准为基准，整合工会会员库、工会组织库等 26 个专项数据库，整理汇总 214 万条数据，建立 147 项指标体系，构建全省工会“数据中台”。

身份互通：依托全总数字身份卡包，为每位会员生成唯一数字 ID，实现跨平台身份认证与数据互通，突破了地方工会身份管理技术瓶颈。通过这种方式，不仅降低了数据开发成本，还为精准服务职工筑牢了数据基础，让工会能够更准确地把握职工需求，提供个性化服务。

（三）构建三级协同服务矩阵。

分级管理：积极探索在“职工之家·河北”APP 开设省、市、县三级平台及管理后台，构建“1+N”服务矩阵（1 个省级智慧工会平台统筹，N 个特色市、县服务子平台协同），实现资源的优化配置和优势互补。

智能监测：搭建省级管理驾驶舱，实时监测 APP 访问量、职工需求热力图等 18 项指标，为服务资源调配提供数据支撑，确保各级工会能够在统一平台上高效协同开展工作，提升工会工作的整体效能。

（四）打造服务资源融通体系。

能力共享：依托全总数据接口，向市、县工会开放会员画像、需求分析等数据服务能力，支持基层工会直接调用“积分商城”“电子书屋”等标准化组件，避免重复开发，有效释放基层工会活力。

全流程管理：基于全总服务地图，创新构建河北工会“三级服务网格”，打造“需求上报—资源匹配—服务落地”全流程闭环管理体系，实现服务需求精准识别、资源高效匹配。

四、经验启示

“融合”降低开发建设成本：复用“职工之家”APP 通用功能，通过“原生 APP 插件化”开发模式“零代码”部署，大幅降低单独开发建设成本。

“融合”提高建设效率：“职工之家”APP 具备成熟的开发模式和丰富的功能模块，通过“融合”，省级工会能够迅速完成技术对接，实现相关应用的快速搭建与部署，提升了数智工会建设的整体效能。

“融合”促进可持续：“职工之家”APP 的持续升级能够为地方工会提供稳定的更新迭代基础，省级工会数智平台与全总资源实现深度融合，借助全总优质资源，上下资源共享、共同推动，确保了技术更新与服务优化的持续性。

甘肃省天水市信息产业工会
数字赋能“工会驿站+” 打造工会精准服务新模式

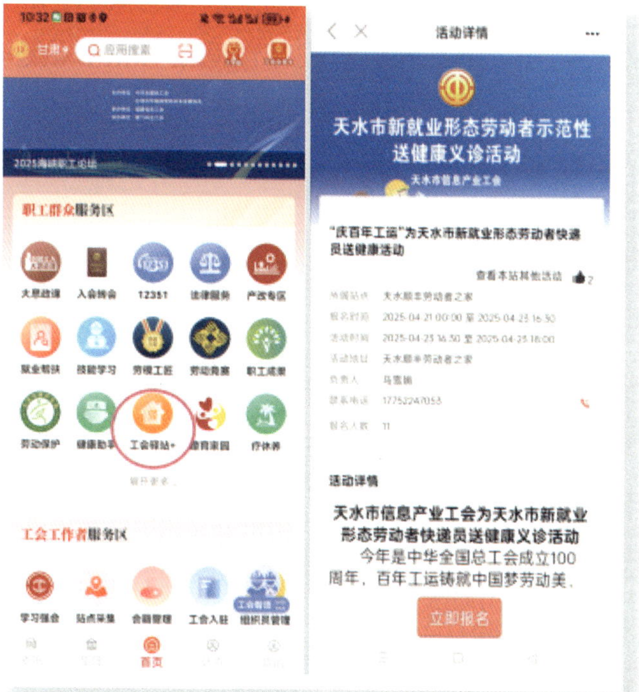

一、案例概述

面对新就业形态劳动者规模持续扩大、服务需求多元化、工作流动性强等新形势，甘肃省天水市信息产业工会依托“职工之家”APP“工会驿站+”功能，推动资源整合、需求对接、服务供给等环节的完善，实现服务精准化、资源集约化和运营智能化。

二、针对问题

覆盖面不广：工会服务新就业形态劳动者存在覆盖面不广的问题。

需求摸不准：难以准确把握新就业形态劳动者的服务需求。

服务不到位：常规服务模式难以满足新就业形态劳动者多元化、个性化的需求。

三、主要做法

（一）依托“职工之家”APP 构建“工会驿站 +”智慧服务圈。

资源整合：整合社会资源，联合市区多家爱心企业，建成工会驿站、职工之家及职工书屋等综合性服务站点，依托“职工之家”APP“工会驿站 +”模块实时标注站点位置，职工一键查询即可智能匹配最近服务点；实时在线更新站点设施状态、空闲座位、活动预告等信息，职工可提前规划使用。

功能延伸：除了向新就业形态劳动者提供歇脚、饮水、充电等基础服务外，还通过“职工之家”APP 提供“电子书屋”“权益咨询”等线上服务。

（二）依托“职工之家”APP 精准对接新就业形态劳动者需求。

动态发布活动：运用“职工之家”APP“工会驿站 +”模块，线上动态发布法律咨询、健康义诊、文艺演出、技能培训等各类服务活动信息，每项活动均详细展示主题内容、具体时间、精准定位、参与方式等要素。

数据驱动优化：新就业形态劳动者可随时随地查阅活动详情，根据自身工作时间、所在位置等个性化需求，自主选择参与时段和就近站点报名，实现“指尖预约、按需参与”的便捷服务体验。自线上报名功能全面推广以来，活动参与人数同比增幅达 80%，活动组织耗时从 3 天缩短至 0.5 天，尤其是快递员、网约车司机等新就业形态劳动者的积极性得到有效激发。

（三）依托“职工之家”APP 打造“七送”云服务品牌。

品牌化运营：通过“职工之家”APP 整合优质社会资源，组建由优秀律师、资深医师、文艺骨干等组成的专业化志愿服务团队，实现服务力量“一键集结”。创新打造送政策释疑惑、送法律维权益、送健康护身心、送书画润心灵、送演出悦生活、送福利暖人心、送电影享文化“七送”云服务品牌。

订单式服务：职工可通过“职工之家”APP 点单式提交需求，形成“职工点单—工会派单—志愿者接单”的服务流程。“订单式”服务模式使活动更贴近职工需求，满意度调查显示职工好评率在 95% 以上。

四、经验启示

数字化整合资源扩大覆盖面：通过 APP 聚合分散的驿站和社会资源，形成“数字地图”，破解新业态群体流动性强导致的服务覆盖难题。

数据匹配提升服务精准度：利用线上平台实时收集需求，变“被动响应”为“主动触达”，提高供需匹配效率。

品牌化运作增强用户黏性：推动服务从“单向供给”转向“双向互动”，实现可持续的精准服务。

六、工会解决职工群众急难愁盼问题“12351+”专项行动

重庆市总工会聚焦提升职工诉求办理质效
创建热线工单处置“响应快、办得好、评价高”
工作体系

一、案例概述

重庆市总工会通过联动政府部门建立“双闭环”机制、强化队伍能力建设、拓展服务功能等举措，实现工单办理效率与质量双提升。2024 年累计接听职工来电 3.76 万通，交办工单 0.56 万件，咨询问题一次性解答率达 100%，劳动争议化解超 3000 件，有效维护职工权益与社会稳定。

二、针对问题

工单办理协同力量有待加强：原工单处理依赖工会系统，缺乏与政府部门的联动，属地属事划分不清。

工单处置效率有待提高：工会工单办理人员素质参差不齐，法治化、协作化能力欠缺，导致工单平均办理时长较长。

服务深度与广度有待拓展：热线仅聚焦工单处置，未能有效挖掘职工需求、预防矛盾风险，服务深度与广度有待拓展。

三、主要做法

（一）联动政府部门共同办理热线工单，提升工单处置效果。

构建“双闭环”机制：针对以往工单办理渠道单一、力量薄弱、信息处理不及时、属地属事划分不明晰等实际情况，借助政府基层智治体系优势，创建 12351 热线工单“双闭环”处置机制，已纳入重庆市委改革项目。

热线工单处置办理闭环机制：积极争取市委、市政府支持，打通 12351 热线与重庆市“民呼我为”平台、基层智治体系通道，联动政府职能部门共同办理热线工单，有效提升工单属事处置效果。

责任落实闭环机制：制定 12351 热线工单平台三色预警、重点跟踪、分级督办制度，通过工单平台实时晾晒市、区（县）、镇（街道）三级工会跟踪督导参与辖区工单办理的情况，逐级压实工单属地办理责任，强化工会对热线的全过程牵总、跟踪、指导、督促。

（二）强化队伍能力建设，提升工单处置效率。

专业化队伍建设：构建市、区（县）、镇（街道）三级热线办理队伍，建起包含各级工会负责人、职能部门负责人、工单办理员、督办员等总计1200多名的专业队伍，并通过日常例会、专项培训、主题宣传、知识竞答等方式增强热线话务服务和工单办理专业性。

数智化工具支撑：运用“职工之家”APP智能法律服务系统、12351热线知识库系统为热线话务服务和工单办理队伍提供知识支撑。

协同联动机制：工单办理人员与信访接待办理员、劳动关系信息员、劳动法律监督员、劳动保护监督检查员、工会调解员、基层网格员实现信息交互和联动协作，保障热线信息直报快响。

（三）及时统计发现职工关心的新问题，拓展热线服务功能。

数据驱动政策优化：对日常接听到的职工反映的情况和问题，加强数据分析运用，推动“一键入会”“新就业形态劳动者建会入会工作15条措施”等工会服务措施出台。

衔接争议化解机制：热线工单处理与“工会+法院+检察院+人社+司法”五方联动机制衔接，运用调解、法律援助等方式推动劳动争议化解在基层一线，2024年化解包括热线工单在内的劳动争议3000多件。

应急响应升级：探索实施“12351+联动处置”，聚焦重要时段、重点群体、突发事件，形成紧急工单及时派办，指导区县总工会启动联动机制处置，坚决维护劳动领域政治安全。

四、经验启示

联动协同机制能够有效解决问题：跨部门协同模式整合各方资源，明确责任分工，能够有效提升问题解决效率。

队伍建设与能力提升可以提高工作质效：需重视队伍建设，通过培训和数字化赋能，提高工作人员的业务能力和服务水平，从而提升整体工作质效。

拓展服务功能更有利于维护职工权益：要善于利用数据资源挖掘职工需求，将工作重心前移，提前化解潜在矛盾，提升服务的深度和广度。

上海金山区总工会
全面推行新时代“枫桥经验”工会实践
聚力打造法律服务综合体

一、案例概述

上海市金山区总工会将“商、调、裁、诉、援、执”等各类解纷资源整合纳入区总工会服务阵地建设总体布局，通过打造劳动争议解决服务综合体、规范服务标准、有效发挥调解作用等，在上海率先建成“一站式”职工法律服务中心。

二、针对问题

劳动争议处理程序烦琐：职工维权有时需要多头奔波于工

会、法院、仲裁等部门，流程重复、周期较长。

维权成本较高：职工因法律知识不足、资源获取困难，常需耗费大量时间和精力，甚至承担高额经济成本。

基层调解能力薄弱：街镇工会与司法所联动不足，非公企业劳动纠纷预防机制缺失，矛盾易上行集中爆发。

调解刚性保障不足：调解协议缺乏强制执行力，职工对调解信任度低，导致仲裁诉讼案件积压。

三、主要做法

（一）加快功能整合。

打造复合型服务阵地：建成 370 平方米劳动争议解决服务综合体，发挥工会、法院、检察院、司法行政、人社等部门职能优势，整合设置“两室两庭两间”，即职工法律援助接待室、职工劳动争议调解室；区劳动人事争议仲裁院工会派出庭、区人民法院劳动人事争议巡回法庭；“工会协助立法联系点”办公功能间、“检察官工作室”综合功能间。

线上线下全流程覆盖：配备“工会智能法律服务系统”终端，实现劳动争议“商、调、裁、诉、援、执”线上线下全流程解纷。“一站式”职工法律服务中心运行 9 个多月以来，累计办理案件 1743 件，为职工挽回经济损失 4488 万余元。

（二）规范服务标准。

制度标准化：制定实施《关于打造上海湾区“一站式”职工法律服务中心的工作方案》，推动服务标准化，健全首问负责、分流交办、吹哨报到、会商研判等工作制度，建立可查询、可追溯、可监督的调解案件溯流机制，保证登记、受理、处理、答复等各环节衔接顺畅、程序合理，大幅缩短维权周期。

队伍专业化：采取重点部门集中常驻、一般部门轮驻、涉事部门随叫随驻相结合的方式，统筹在劳动报酬纠纷、职业伤害等专业领域开展矛盾纠纷调解。集中常驻队伍注重吸收兼职仲裁员、劳动法律监督员、劳动关系协调员等专业人才，定期开展实务培训，不断提升工作队伍专业能力水平。

考核常态化：对入驻部门报到率、办结率、满意度进行每月通报，确保平台“吹哨”管用。

（三）有效发挥调解作用。

源头预防：以“工会＋司法行政”联动强化源头预防，指导各街镇总工会与属地司法所联动夯实基层调解网络，推动公共法律服务工作站和职工法律援助站点调解资源和服务项目共享。梳理非公企业工会处理劳动关系矛盾纠纷面临的实际需求和共性问题，联合区司法局指导企业规范劳动用工、健全规章制度，将法律风险隐患消除在萌芽中。

过程调解：裁前阶段引入专业调解员和维权律师做好释法工作，庭审阶段通过职工心理疏导等方式促成庭中调解，最大限度保障职工合法权益。

诉调对接：以“工会＋法院”联动做实诉调对接，坚持端口前移，优化诉调对接流程衔接，选派精干力量入驻“劳动争议诉调对接工作室”，持续提升全年诉前调解成功率。探索建立协助劳动者依法申请先予执行工作机制，加强调解刚性保障。

四、经验启示

通过资源共享、阵地共建、人员共驻，实现了多元解纷机制跨部门的深度融合。

规范服务标准，制定工作方案，健全工作制度，建立调解案件溯流机制，优化工作流程，缩短维权周期。

将调解贯穿全过程，提高调撤率，减少仲裁、诉讼数量，推动劳动领域矛盾纠纷多元化解。

七、工会维权服务新就业形态劳动者三年行动

上海市总工会推动“饿了么”（上海）形成全国首份平台算法和劳动规则协议

一、案例概述

上海市总工会联合多部门，指导“饿了么”（上海）通过协商算法恳谈会，将消费者、商家、社区代表等多元主体纳入协商流程，围绕派单计价、安全限速等核心问题，促成全国首份平台算法和劳动规则协议，有效保障新就业形态劳动者权益。

二、针对问题

协商参与主体不全面：协商主体仅限于企业与劳动者，缺乏消费者、商家、社区等利益相关方的多元视角。

算法规则不透明：派单计价规则模糊，劳动者对收入计算方式不知情，异常订单处理缺乏标准。

安全风险隐患突出：算法过度追求效率导致超速骑行、疲劳配送，平台处罚加剧安全隐患。

算法调整缺乏民主：平台单方面调整规则，劳动者事前不知情、事后无申诉渠道。

三、主要做法

（一）拓宽协商参与主体。

引入多元主体：除了平台企业及其服务商代表和工会、劳动者方代表外，邀请消费者、平台商家、物业、社区、专家学者等代表参与，从多维视角各抒己见。消费者代表从用户体验角度对配送时间和质量提出意见建议；商家代表提出，优化商家出餐时间预估模型，希望提前 1 ~ 2 分钟通知网约配送员到店取餐；物业和社区代表从推进社区治理等维度，共商解决“骑手进门难”和共建网约配送员友好社区的解决之策；专家学者从法律、社会角度为平台算法优化提供指导意见。

多部门联动：在全国总工会、上海市总工会、普陀区总工会三级工会及有关部门的共同见证下，双方签订《2025 年度“饿了么”（上海）网约配送算法和劳动规则协议》（简称《协议》）。市委社会工作部、市人大社会委、市委网信办、市经济信息化委、市公安局、市人社局、市市场监管局、市商务委等部门相关负责人参加现场恳谈会。

细化协商重点内容：9 名网约配送员代表带着一线骑手普遍

关切的问题和诉求，与平台服务商、核心算法技术部、物流部、法务部等相关负责人进行充分协商，就劳动者劳动报酬、休息休假、劳动保护、协商协调机制等方面达成共识并细化形成 7 章 33 项保障条款。

（二）破解算法透明性难题。

推动规则透明化：《协议》明确，实现平台计价规则和劳动者每单收入透明化，进一步优化路径规划模型及规则，完善算法样本筛选机制，剔除逆行、危险路段行驶、超速等违规样本，以及绕路、低质量轨迹等异常样本，让订单的预估时间更为合理。

明确收入底线：确保众包网约配送员在正常提供劳动情况下每小时劳动报酬综合计算不低于 25 元；优化“恶劣天气自动触发补贴”功能，在春节等特定时段及恶劣天气等特殊情况下配送订单的，结合实际情况建立相应的补贴机制或活动机制；持续优化计价算法模型，提高顺路派单概率，对于超重、体积大、爬楼梯等高难度订单增加计价权重等。

（三）构建安全优先机制。

优化限速规则：《协议》明确，优化安全限速规则，以平均时速不高于 15 公里 / 小时计算配送时长，确保网约配送员获得更合理更充分的配送时间。

侧重正向激励：升级安全智能设备，补贴推出 2 万顶智能头盔；逐步取消超时扣款处罚。

升级防疫劳规则：探索延长下线休息的时长，优化“强制下线”功能，网约配送员每日配送时间不超过 11 小时；连续配送 4 小时，平台系统提示，小休至少 20 分钟。

（四）建立算法共决机制。

调整提前公示：建立完善平台算法和劳动规则调整机制，确保平台调整算法、劳动规则前充分听取劳动者代表意见，并提前 7 天公开公示。

动态优化规则：在 APP 端设置算法反馈专项渠道，持续收集意见建议，调配充足客服人力，保障网约配送员合理申诉在 48 小时内响应和处理，并反馈处理结果。

四、经验启示

多元协商能够体现各方意见：引入消费者、商家、社区等主体，整合多方利益诉求，推动平台规则更贴近实际需求。

透明化机制能够提升各方信任：通过收入底线、规则公示、异常样本剔除等措施，增强算法公信力，减少劳资矛盾。

安全应该优于效率：通过强制休息、限速规则、正向激励等举措，平衡效率与安全，降低职业风险。

河北保定市总工会实施“摸底数 建台账促建会”工作法推进建会入会工作

一、案例概述

河北省保定市总工会通过跨部门联动获取企业数据、精准摸排建立动态台账、党建引领协同推动建会、多措并举优化服务等举措，破解新业态企业建会和职工入会难题。截至 2024 年 11 月，已推动美团、滴滴等平台企业分支机构组建工会，4244 个基层工会入驻“职工之家”APP，通过共享职工之家、工会驿站等阵地服务新就业形态劳动者，实现从“被动建会”到“主动参与”的转变。

二、针对问题

平台企业信息隐匿：仅通过企业名称难以界定新业态企业及其用工合作企业关系，工会难以掌握真实情况，导致建会针对性不足。

建会底数不清：未建会企业数量、未建会原因、负责人思想动态及职工分布缺乏系统化梳理，基层推进建会时存在盲目性。

企业建会动力不足：部分企业对工会作用认知有限，常规“先建会后服务”模式难以激发企业主动性。

三、主要做法

（一）通过职能部门摸实数据。

打通数据壁垒：市总工会积极沟通联系，与市统计、税务等有关职能部门当面对接，形成了“工会 + 职能部门”的工作机制，获取包括新业态企业在内的基层单位数据。

分类对接管理：分别对接邮政、交通、市场部门做好快递员、货车司机、外卖配送员工作，并与部门、平台企业定期进行三方沟通座谈。联合市交通运输局印发《关于加快推进货车司机入会和服务工作的实施方案》，有的放矢促进建会。

（二）建立未建会企业工作台账。

数据分解核实：将统计、税务、市场、行政审批等部门数据，按照行政区划编码，分解到县、乡工会。用 1 个月的时间摸排、核实、对比数据，建立台账，做到“五清一明”，即未建会企业数量清、未建会原因清、企业负责人思想动态清、职工人数清、所处区域清和建会思路明。

动态更新机制。利用“保工普惠”网上平台，完善基层工会信息，逐个企业通过电话核实情况，录入系统，更新台账。

（三）发挥党建引领带动作用。

党建引领推进：将新就业形态劳动者入会工作纳入政府联席会议议题，与市委社会工作部联合下发通知，实施“党建+工建”双指导员派驻机制，向新业态企业选派党建指导员和工会干部，实现“党建引领、工会搭台、职工受益”。

服务前置策略：构建“工会+行业主管单位+行业协会+企业”协调联动机制，联合市外卖配送行业党委到美团、“饿了么”等企业调研，通过开展节日慰问、送清凉等活动，让企业未建工会先享工会服务。

（四）多措并举促进建会入会。

行业工会示范：2024 年 11 月，市外卖配送行业工会联合会成立，并带动平台用工合作企业建会。依托产业工会，发挥其与新业态行业联系紧密的优势，实行“部门+产业”专班模式，集中推进建会。市财贸工会牵头，组织滴滴及关联企业成立“市网约车行业联合工会”，组建“苏宁易购”商圈工会。

数字化便捷入会：推广“职工之家”APP，通过线上申请组织入驻、会员入会等方式，实现便捷建会入会，目前有 4244 个基层工会入驻。整合街镇、园区、社区等单位职工之家资源，在新就业形态劳动者集中区域建设共享职工之家，利用工会驿站、“司机之家”等阵地提供休息、热饭、充电等服务。

四、经验启示

跨部门协作奠定精准施策基础：摸清新业态底数需要与统计、税务等职能部门联动，获取平台企业及用工合作企业真实数据，破解信息隐匿难题。

发挥基层网格力量，破解“最后一公里”难题：建会难点在末端，通过强化实地摸排与台账管理，消除数据盲区。

服务前置强化吸引力：以“党建＋工建”双指导员派驻、行业联合调研、节日关怀等“先服务后建会”策略，推动从“要我建”到“我要建”转变。

八、非公企业工会建设三年行动

北京东城区总工会建会服务入驻政务大厅
有效推进非公企业“两个覆盖”

一、案例概述

北京市东城区总工会依托东城区政务服务大厅，主动与区数据管理局、工商联、人力社保局、市场监管局、税务局、投促中心等单位建立“政工合作”机制，探索非公企业工会组建新路径，持续扩大建会覆盖面。2025 年上半年，新增建会单位 867 户，发展会员 9663 人。

二、针对问题

企业信息掌握滞后：属地非公企业尤其是中小微非公企业

登记注册数据更新不及时，工会难以精准定位建会对象。

企业建会动力不足：企业对工会职能认知有限，缺乏主动建会动力，沟通渠道不畅。

部门协同效率较低：行政部门与工会间信息共享不畅，建会流程衔接存在壁垒；未将建会入会纳入企业评价体系，缺乏联动考核机制。

工作力量薄弱：街道、园区工会人员配备不足，专业化水平参差不齐。

三、主要做法

（一）靠前掌握信息。

依托东城区政务服务大厅相关单位的业务窗口，定期梳理汇总有建会条件的单位情况。区总工会将企业名单反馈至街道、园区工会，形成“登记注册—跟踪服务—分级负责”的闭环管理体系，推动上门对接服务，确保建会全流程可追溯。

（二）提升建会意愿。

宣传引导前置：在政务大厅召开“职工沟通会”“企业沟通会”，各街道轮流开展建会宣传活动，普及工会职能与普惠政策。加强同区投促中心、区市场监管局等单位定期会商沟通，通过“送教上门”等方式服务新入驻企业。

主动加强服务：为企业办理工会会员互助服务卡，搭载文体活动、技能培训等普惠项目，通过“服务包”增强吸引力，精准对接企业所需、职工所盼。

（三）强化协同效率。

双月工作例会：定期召开政务服务大厅和东城区 17 个街道、园区工会的工作例会，根据工作需要邀请区市场监管局、区投促中心相关负责人列席，通报机制运行过程中的进展、问题，共同分析研究对策；及时总结、提炼、推广不同类型非公企业组建工会的典型案例，形成示范引领效应。

用好三方机制：加强与区工商联、区人力社保局的互动、联动，重点关注工商联未建会的会员单位和社保库中未建会的缴费单位，结合考察人大代表、政协委员等重要代表人士以及其他推先评优契机，把是否建会入会作为重要内容纳入整体考量，推动非公企业建会。

（四）夯实队伍基础。

培育兼职指导员队伍：培训政务大厅工作人员成为“工建指导员”，在企业注册环节普及工会知识，帮助非公企业在注册、审批等申办过程中快速了解工会。

优化专职力量：配齐配强配优配好各街道职业化、社会化工会工作者，加强业务培训，提升建会跟踪服务质量。

四、经验启示

政务工会联动打破数据壁垒：通过“政工合作”机制整合区数据管理局、市场监管局等多部门信息资源，动态更新企业注册数据，实现工会组建精准触达。

宣传服务联动激发建会意愿：联合投促中心、工商联等单位开展政策宣讲与普惠服务，以“服务包”前置引导企业主动建会，变“单向推动”为“双向共赢”。

专兼队伍联动夯实服务基础：培育政务窗口“兼职指导员”与街道“专职工作者”协同队伍，通过业务培训提升建会跟踪服务质量，破解基层力量薄弱难题。

宗申产业集团工会切实发挥工会小组长“前哨”作用

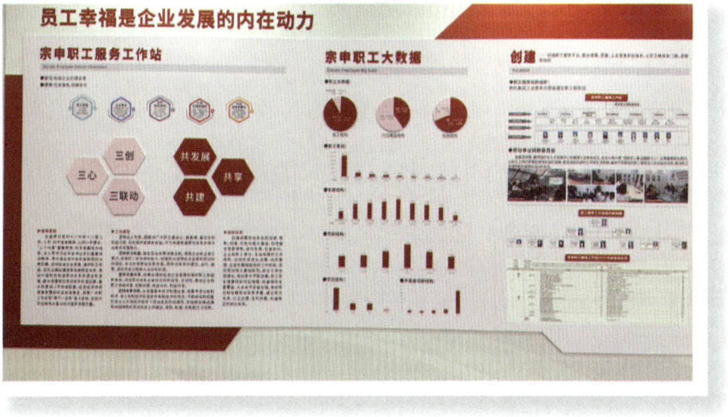

一、案例概述

宗申产业集团工会聚焦“员工幸福”核心诉求，重视发挥工会小组长扎根一线、服务职工的“前哨”作用，从建强队伍、健全机制、优化服务、强化保障入手，打通工会服务“最后一公里”。

二、针对问题

小组长能力不足：工会小组长存在沟通能力弱、组织经验少、政策掌握不透等问题，难以有效服务职工。

职责边界模糊：工会小组长角色定位不清，缺乏量化考核标准，工作主动性不足，易沦为“形式化”岗位。

服务精准度低：职工需求收集渠道分散，急难愁盼问题响应慢。

保障机制缺失：工会小组长履职缺乏资源支持，诉求跟踪、激励措施不到位，难以形成长效服务机制。

三、主要做法

（一）严选精育，打造高素质小组长队伍。

择优选拔：在一线骨干、技术能手或职工信赖人员中，选拔出 150 余名“懂职工、懂企业、懂政策，会沟通、会组织、会创新”的职工担任工会小组长。

实训赋能：定期开展情绪管理、矛盾调解实训，策划组织劳动竞赛、技能比武等活动，鼓励小组长结合职工需求提出解决方案，提升工会小组长的沟通、组织、创新能力。

人才储备：建立工会小组长人才储备库，将有潜力、有热情的职工纳入储备库，定期对储备库人员进行考察评估、调整补充。

（二）制度赋能，构建科学管理体系。

目标量化：与工会小组长签订《年度目标责任书》，将组织活动、意见征集、劳资协调、疏导解困等职责细化为可量化指标，纳入绩效考核。

双向评价：建立“诉求收集—分类处置—跟踪问效—考核评价”全流程工作机制。同步推行上级工会对小组长进行履职评价、职工对小组长进行服务满意度评价的“双向评价”制度。

激励保障：评价结果与绩效挂钩，将表现优秀的工会小组长纳入企业发展后备人才库，优先推选年度先进、职级晋升。

（三）精准服务，体现“娘家人”关怀。

亮明身份：在职工之家、职工小家、生产车间、职工宿舍公示工会组织信息，亮出工会小组长身份。在车间、生产线设立职工心情看板，用心情图标外化职工的急难愁盼问题，工会小组长通过“观察—沟通—疏导—解困”方式，化解职工心中“疙瘩”。

延伸场景：延伸工会服务触角至青年公寓“流动工会”，为新职工提供生产生活一体化、一站式服务。吸纳工会小组长加入“宗申红嫂”队伍，开展结对帮带、心理疏导、婚恋交友等服务。

响应诉求：工会小组长年均帮扶职工 1100 余人，开展思想疏导 600 余人次，响应诉求速度提升 80%，职工满意度达 99%，10 年来零劳资纠纷，新职工融入周期减半，5 年以上工龄职工占比超 90%。

（四）多维保障，提供全方位支持。

资源支持：集团工会每周设定一天工会主席接待日、每月召开一次职工恳谈会，定期开展问卷调查，工会主席带领工会小组长定期对职工反映的问题现场办公。在生产一线设立“小组长服务站”，配备主席信箱、政策手册等物资。

服务落地：围绕职工关切的衣食住行问题，推出免费洗衣、通勤班车、子女托管等 10 余项温暖工程，由工会小组长牵头落实。开展“微心愿”行动，职工通过工会小组长提交如技能培训、子女就学等个性化需求，集团工会每年拨付专项资金支持温暖工程。

四、经验启示

工会小组长需要严选精育：通过严选精育，打造一支“懂职工、懂企业、懂政策，会沟通、会组织、会创新”的工会干部队伍。

制度赋能有效支持工作开展：通过制度明确工会小组长角色定位与权责边界，构建标准化履职规范与动态评估机制。

多维保障促进小组长敢作为：形成“诉求上达有通道、问题处置有支撑、服务效能有评估”的保障体系，确保工会小组长敢作为、善作为。

九、“小三级”工会建设三年行动

山东烟台“共享职工之家”赋能“小三级”工会建设

一、案例概述

山东烟台市总工会创新打造五型“共享职工之家”，统筹优化分散的阵地、资金、人员和服务，构建起开放共享、协同联动的服务阵地，以“共享”理念提升“小三级”工会服务阵地覆盖面和效能。

二、针对问题

服务阵地覆盖不足：基层工会缺乏固定服务场所，尤其园区、商圈、镇街等区域存在服务空白。

资源统筹效率低：阵地、资金、人员分散，资源利用碎片化，难以满足职工多元化需求。

服务力量薄弱：基层工会人手不足、专业化水平有限，服务效能不高。

三、主要做法

（一）科学布局，破解服务阵地覆盖不足。

精准调研定位：组建了 16 个专项调研队，深入全市重点区域，从党组织工作基础、职工聚集情况、场地硬件条件三个维度全面考察，精准确定五种覆盖不同区域、服务不同群体的建设类型。

分类施策建设：园区型发挥市重点产业链相关园区及骨干龙头企业的主体作用，促进园区产业高质量发展；商圈型侧重服务楼宇商圈区域内新就业形态劳动者、商家、顾客等群体；镇街型以镇街总工会为主体，面向镇办企业职工、农民工等群体，助力镇域产业发展与乡村振兴；社区型依托或联合社区、居民区等基层党群阵地下沉资源，服务周边职工和灵活就业人员；流动型结合“惠工快车”一线服务模式及已建工会驿站等，重点为周期性强的重点项目及流动性较大的职工群体提供针对性服务。

（二）精准服务，缓解资源统筹效率低。

标准化服务：出台《关于在全市建设“党建 +”五型共享职工之家的实施意见》，落实统一建设标准和服务指南，明确阵地名称、标牌等基础配置及功能区数量等要求。

数智化服务：实现“一码通行，一网通办”，对接“职工之家”“齐鲁工惠”APP 等网上工作平台，设置“扫码入会”海报，职工线上认证可享受免费或普惠价服务，预约场地、获取信息及反馈优化服务。

差异化服务：形成固定项目与选配项目结合模式，即配备工会驿站、文体活动场等六项必设功能区，差异化设置选配项目，确保资源用在实处。

（三）强化管理，解决力量薄弱问题。

阵地共用：将“共享职工之家”主动嵌入各级党群服务中心，联合举办“双报到”“惠工大集”“工匠夜校”等活动 360 余场次。链接工人文化宫、职工疗养院等工会自有阵地，农家书屋、法律服务站等基层工会阵地资源，充分发挥龙头企业的作用，带动有条件的“小三级”工会每年为 5000 余家单位提供阵地支持 3000 余次。

经费共投：建立“基层投入 + 上级补助”机制，市总工会投入专项补助资金，根据规模等综合评定进行梯度补助，解决“共享职工之家”资金力量薄弱问题。

人员共管：采用“基层工会干部 + 工会社会工作者 + 职工志愿者”管理模式，探索建立积分制管理机制，引进第三方团队承担专业性服务及阵地管理运行等工作，充实人员队伍力量，缓解“小三级”工会人手不足困境。

品牌共创：基层一线职工、企业工会主席和高校老师组成评审组，对“共享职工之家”实地考察评价。观摩共享运行良好组织的建设经验，对接共创品牌，实现“建好一个、带动一片”。

四、经验启示

科学调研才能科学布局服务阵地：通过精准排查需求、分类施策，实现服务阵地从“零散分布”到“全域覆盖”。

资源整合才能开展有效利用：以“共享”理念打破壁垒，推动阵地、经费、人员统筹，提升资源利用效能。

机制创新才能激发服务活力：通过标准化、数智化、差异化服务，以及积分制管理、第三方合作等模式，激发基层工会内生动力。

湖南永州推动园区企业建会建家全覆盖

一、案例概述

湖南永州市总工会在非公企业最为集中的产业园区开展建会建家全覆盖行动，通过争取党政支持、建立奖补机制、用好政策“组合拳”等，推动形成非公企业建会建家热潮。2024 年至 2025 年上半年，全市 12 个工业园区新建非公企业工会组织 251 家，新发展工会会员 2.1 万余人。

二、针对问题

非公企业工会覆盖率低：园区企业建会率不足 70%，组织建设滞后于企业发展。

企业建会动力不足：部分企业对工会作用认识不清，主动建会意愿薄弱。

职工归属感缺失：活动阵地不足、服务单一，职工对工会的认同感较低。

政策资源分散：缺乏系统性激励措施，政策协同效应未充分释放。

三、主要做法

（一）积极争取党政支持，推动工会组织覆盖面扩大。

推动党政重视：市县区工会主动向同级党委汇报工作构想和存在的困难，借助政府与工会联席会议通报相关情况并求得支持。市委将全覆盖行动列为重点工作进行部署，纳入全市“五好”园区建设重要内容；联合工业园区党工委、管委会将推动企业建会建家工作作为服务企业的重要抓手，园区党工委书记、管委会主任召集新引进企业和未建工会老企业负责人交流座谈，安排专班负责，加强政策宣讲，破解难题。

强化责任落实：市县两级工会组建 12 个蹲点组，入驻指导，并将任务完成与考核、评优、提拔挂钩，2024 年蹲点组组长均获评优或提拔重用。全覆盖行动实施以来，全市园区企业建会率从 65.7% 提升至 88.2%，职工入会率从 68.3% 提升至 89.9%，分别提高 22.5 个和 21.6 个百分点，工会组织得以发展壮大。

（二）探索建立奖补机制，助力职工活动阵地建设与职工归属感增强。

经费直达企业：设立专项补助经费，2024 年安排预算 400

万元，为 25 人以上新建工会企业每家补助 2 万元用于职工之家建设，已为 214 家非公企业和 12 个园区兑现 488 万元。2025 年继续安排 200 万元，1 月至 5 月已实现建会目标 57 家、入会 0.52 万人。

（三）给予各项工作支持，提升带动效应和社会影响力。

支持阵地建设：集中政策资源、投资 2000 多万元支持 12 个工业园区全面建成工人俱乐部，优先优惠向新建工会企业开放。

医疗互助兜底：推行园区职工医疗互助特别关爱行动，2024 年和 2025 年各安排 300 万元补助，对新建工会企业职工全额补助，降低重大疾病补助门槛、提高补助标准。

经费返还与荣誉激励：及时足额返还新建工会企业工会筹备金，2024 年共返还 320 万余元。将工会“四季送”项目、荣誉评选和文体活动向新建工会企业和职工倾斜，带动未建工会企业表达建会意愿并提交申请。

四、经验启示

要善于借力，争取党政支持：主动汇报工作，争取将工会工作纳入地方或部门重点工作，借助更多力量推动工作开展。

要创新激励机制，激发企业积极性：通过政策优惠、资金扶持等方式，调动企业建会建家的积极性。

要整合政策资源，发挥政策叠加效应：通过政策倾斜，形成工作合力，提升已建会建家企业的示范带动效应。

十、涉工法律规定执行监督专项行动

黑龙江大兴安岭松岭区总工会开展跨部门监管工作 推动“一函两书”释放更大效能

一、案例概述

黑龙江大兴安岭松岭区总工会联合人社、法院、检察院、交通等多部门，创新建立新就业形态劳动者权益保障跨部门监管工作机制，整合多方资源力量，构建“事前预防—事中监督—事后处置”的监管流程。

二、针对问题

劳动关系认定难：新就业形态劳动者与平台企业间法律关系复杂，缺乏明确的认定标准和协同监管机制。

权益保障落实难：企业用工不规范，存在欠薪、社保欠缴等问题，劳动者权益保障缺乏系统性监管手段。

维权申诉渠道不畅：劳动者维权成本高、周期长，工会监督缺乏刚性约束力，整改执行不到位。

三、主要做法

（一）构建跨部门综合监管机制，破解劳动关系认定难题。

联合建章立制：工会、人社、法院、检察院、交通等多家单位联合出台《新就业形态劳动者权益保障“综合监管一件事”跨部门工作方案》，配套制定《问题清单》，明确公平就业、职业培训、权益维护等监管事项，强调对平台企业及其合作用工企业的监督。

统筹监管行动：各部门分解监管任务，明确责任。召开 3 次调度会督促落实。加大了涉工法律执行力度，指导企业依法用工，促进平台经济健康发展，为劳动关系认定提供有力支持。

形成监管合力：合理调配监管执法资源，采用“双随机、一公开”监管方式，科学确定抽查比例、频次及参与部门。通过联席会议统筹部门检查计划，实施跨部门联合检查，实现“进一次门、查多项事”，既有效避免监管空白，又减少对企业的干扰。工会、人社、住建等部门实地走访 2 家企业，与 92 名职工座谈，联合处置 1 起欠薪案件。

（二）实施“收集—分办—核查—处置—反馈”全流程监管，解决权益保障落实问题。

多渠道收集线索：借助 12345 政务服务热线、全国一体化在线监管平台、政务“三微一端”等数字化、信息化渠道，建立全天候、全方位的线索收集机制，实现对侵害新就业形态劳动者合法权益问题的实时监测和快速响应。

发挥工会劳动法律监督作用：开展日常监督巡查，深入企业开展“拉网式”排查，及时发现问题线索。公示工会“1+3”职工诉求服务机制二维码，劳动者扫码上传诉求，工会按需协调转办处理。

科学分类处置：按照劳动关系认定、欠薪、社保欠缴、工伤等不同类型进行精准分类，按照《问题清单》的责任分工快速转办，由职能部门依法依规处理，制定《化解销号单》，整治一项销号一项，处理结果同步反馈，确保诉求“件件有回应、事事有着落”。

（三）充分发挥工会劳动法律监督作用，打通维权申诉堵点。

关口前移源头化解：先行发放提示函或意见书，督促涉事用人单位整改，明确整改要求和时限。工会联合处理12起案件，调解成功率和群众满意率达100%，通过“拉网式”排查主动发现隐患，变“事后补救”为“事前预防”。

“柔性提示＋刚性监督”：对拒不整改或整改不到位的，向相关部门发放《工会劳动法律监督建议书》。已指导60余家企业，发出5份《工会劳动法律监督建议书》，相关用人单位违反劳动法律法规情况的问题均已妥善处理。

四、经验启示

强化资源整合与协同联动：跨部门开展合作，通过联合行动、信息共享等方式，提升整体工作效能，共同解决职工遇到的权益问题。

优化工作流程与精准施策：明确各环节的责任和标准，确保问题能够及时发现、精准解决。

注重柔性与刚性相结合的监督方式：帮助企业解决问题，维护职工合法权益，提升工作满意度和社会公信力。

安徽淮北市总工会创新“一函两书”工作机制破解基层工会劳动法律监督难题

一、案例概述

安徽淮北市总工会通过实施“提级监督、指导监督、前置监督、协同监督”四大举措，有力提升了基层工会依法维权能力，实现了劳动关系风险的早发现、早预警、早化解。

二、针对问题

基层监督力度薄弱：乡镇（街道）工会缺乏有效手段，对复杂案件和跨区域问题处理能力不足。

履职能力不足：部分劳动法律监督员专业素养偏低，发函内容不规范、程序不清晰。

监督主动性不强：依赖投诉才行动，缺乏风险预判和前置干预意识。

三、主要做法

（一）提级监督，破解基层乏力难题。

重大案件“上代下”：对重大、复杂或跨区域的劳动维权案件实行“上代下”提级监督，规范提级申请、审批、介入流程，由市、县（区）总工会直接介入提级案件，现场指导基层工会运用“一函两书”调查取证、沟通协商、督促整改。通过提级监督和基层履职成功化解重大、疑难劳动纠纷 4 起。

履职督导常态化：上级工会通过日常检查、信访分析等途径，对发现劳动纠纷问题而未依法开展劳动法律监督的基层工会及时下发《履职提示函》，明确整改要求和时限，压实基层监督责任。全市 662 个乡镇（街道）全部建立工会劳动法律监督组织，标准化模板和“以案代训”模式有效落地。

（二）指导监督，破解能力不足难题。

标准化工具赋能：制定《工会劳动法律监督“一函两书”工作指导手册》，明确工作流程图，提供劳动合同、工资支付等典型场景的标准化模板，降低基层操作门槛，解决基层工会发函内容不规范等问题。

实战化培训强技：线上线下培训专兼职劳动法律监督员 907 人，创新实施“案例教学 + 跟班实训”培训机制，组织基层工会干部参与典型案件调处，邀请市总工会法律顾问现场教学辅导，“以案代训”快速提升基层干部运用法律、沟通协商、化解矛盾的实际能力。基层工会从“怕用、少用”转向“敢用、会用、善用”，主动发出文书的意愿和能力明显增强，2024 年发出量同比增长 230%。

（三）前置监督，破解被动响应难题。

风险预警动态化：整合工会系统内部资源（12351 职工服务热线、网络舆情监测）与外部数据（人社部门劳动争议数据、信访信息等），分析识别欠薪、超时加班等高发风险，对涉风险隐患单位下发提示函。通过预警监测提前介入潜在纠纷 3 起。

节点防控精准化：抓住春节、高温季节等重要时间节点，主动发出保障农民工工资、劳动保护等内容的公开提示函。坚持与日常业务工作相结合，对在新业态劳动者健康体检等活动中暴露出的共性风险（如超强度劳动、职业防护缺失等），即时发出行业性提示函，有效推动风险隐患前置化解。

（四）协同监督，破解单打独斗难题。

部门联动机制化：淮北市总工会积极推动部门协同治理，加强与法院、检察院、司法行政、人社等部门的沟通协调，建立用好联席会议制度、信息共享机制、诉调对接机制等，细化明确在劳动者权益维护、欠薪治理、劳动争议调处等方面的协作举措，形成多层次权益保障网络。

闭环治理协同化：推动工会的“一函两书”监督与劳动监察执法、司法调解、检察监督等有效衔接，形成了“预警—监督—调解—执法—整改”的闭环治理链条。

四、经验启示

多方联动提高监督实效：通过提级监督、指导监督、前置监督和协同监督的联动机制，解决基层“不会、不敢”监督问题，增强履职能力，实现劳动关系风险源头治理。

标准化手册和实训提高监督效能：以标准化手册和“案例教学+跟班实训”为基础，提升基层干部素养与能力，规范高效开展监督。

协同治理提高纠纷化解能力：与多部门深度协作，弥补工会局限，实现劳动纠纷多元化解。

十一、农民工、困难职工、女职工等重点群体维权服务工作

福建省紫金矿业集团工会
创建外派困难职工全方位暖心服务体系

一、案例概述

紫金矿业集团在中国 17 个省区和境外 15 个国家拥有重要矿业投资项目，派驻 3861 名员工（集团聘用工形式）。紫金矿业集团工会通过构建全方位暖心服务体系，破解基层工会服务外派困难职工“最后一公里”难题，切实保障外派职工权益。

二、针对问题

身心健康保障不足：海外项目生活基地医疗资源匮乏，外派职工心理压力大且缺乏专业疏导。

家庭关怀缺位：家属探亲有限制、子女教育难保障、家庭突发问题解决渠道不畅。

服务供给单一：传统服务模式难以满足外派职工多样化需求，缺乏个性化关怀。

三、主要做法

（一）织密健康生活保障网，破解身心健康问题。

完善生活设施：公司在海外项目生活基地配置规范的宿舍、食堂、医务室等生活设施，聘请专职厨师、专职医务人员保障饮食和卫生。

强化医疗保障：为所有外派困难职工购买国际 SOS 医疗紧急服务，包括医疗包机、医院急救手术对接、专家会诊等 24 小时紧急医疗救助服务；减轻经济负担，报销国内每年 2 至 4 次、海外派遣每年 3 次（包含 1 次家属探亲）的往返路费。

丰富精神生活：常态化深入外派项目现场或通过支持指导等方式开展关爱慰问、文艺会演、职工座谈会等活动；支持外派项目生活基地建设“职工之家”“职工书屋”等场所；建立“心灵驿站”，配备多位心理咨询师，为外派困难职工及家属提供 24 小时心理咨询热线服务，缓解外派困难职工心理压力。

（二）构建暖心服务工作体系，弥补亲情缺位。

深化家属联谊：成立外派困难职工家属联谊会，成员涵盖集团工会委员、女工委员、团委、热心职工、志愿者；协调外派困难职工子女入学就读，让职工安心工作；开通总部食堂就餐卡和健身房健身卡，方便家属生活与休闲；看望慰问患病家属，传递温暖与关怀。

全天候开展服务：集团工会设立服务热线，将服务对象从企业职工拓展至外派困难职工和家庭，提供全天候24小时上门维修水电设施等服务。

实行荣誉激励：组织开展最美外派职工家属评选活动，已评选两批120余名最美“紫金花奖”及提名奖，增强了外派职工家庭的荣誉感与归属感。

（三）开展个性化服务，突破单一供给模式。

精准帮扶子女教育：针对外派困难职工子女学业无人辅导问题，联合集团团委结成120多对爱心家教帮扶小组，累计服务时长达上千小时，有效帮助职工子女提升学业成绩。

定制文化活动：针对外派困难职工家庭业余生活单调的问题，通过组织多种文体活动，如在“六一”儿童节举办亲子活动，中秋佳节召开家属座谈会倾听心声，让家属放松身心。

动态需求响应：通过调研及时调整服务内容，如针对海外单调生活增设心理疏导与文娱设施。

四、经验启示

关注职工多元需求，提供立体化保障：全面梳理职工需求，从工作、生活到心理健康等方面提供支持，增强职工的获得感、幸福感、安全感。

延伸服务对象，强化家庭关怀：关注职工家庭需求，提供针对性的帮扶和支持，提升职工的归属感和忠诚度。

注重个性化服务，提升服务精准度：以个性化服务打破“一刀切”模式，推动服务效能最大化。

黑龙江佳木斯市总工会建立联席会议制度
多部门联动保障女职工权益

一、案例概述

黑龙江佳木斯市总工会创新建立女职工劳动保护联席会议制度，联动司法、人社、卫健、医保、妇联等多部门，形成“工会牵头、政府支持、部门协同、企业实施”的维权机制，累计解决 10 余项重大问题，惠及超 8000 名女职工，推动女职工权益保护专项集体合同签订和企业整改落地，显著提升女职工权益保障效能。

二、针对问题

女职工诉求分散，核心议题难聚焦：企业一线女职工面临的卫生费标准不统一、劳动保护措施落实不到位等问题缺乏系统性解决措施，维权工作存在碎片化现象。

部门协同不足，职能衔接不畅：司法、人社等部门在劳动监察、法律指导等方面的职能未充分整合，存在多头管理、责任模糊现象。

整改跟踪薄弱，落实效果难保障：企业整改推进缓慢，拖欠费用、违规操作等问题易反复，缺乏动态监督和攻坚机制。

三、主要做法

（一）会前精准调研，确定核心议题。

联席会议召开前，工会牵头成员单位共同组建调研小组，深入企业生产一线、走进女职工工作场所，以问卷、访谈等形式收集女职工实际问题。2024 年走访 20 余家企业，与 300 余名女职工交流，确定了卫生费标准调整等核心议题。

（二）会上协同研讨，制定解决方案。

结合职能研讨：联席会议召开时，各成员单位围绕议题清单，结合自身职能研讨，如在讨论某行业女职工卫生费发放不规范问题时，人社部门通报前期劳动监察中发现的企业违规情况及数据，司法部门从法律条款角度解读企业应承担的责任和义务，工会汇总各方意见提出初步的解决方案框架。

明确责任分工：明确由人社部门定期开展专项检查，司法部门提供法律文书模板和指导，工会督促企业落实整改，各部门协同合作形成高效维权模式，在女职工权益保护专项集体合同签订等工作中快速破解难题。

（三）会后跟踪督办，形成工作闭环。

建立动态督办台账：联席会议结束后，工会作为牵头单位，迅速建立跟踪督办机制。为每个议定事项制定详细的督办台账，明确责任部门、责任人以及完成时限。通过电话沟通、实地走访等方式，及时了解工作进展情况。

重点攻坚破局：对于推进缓慢的事项，工会主动介入，组织相关部门召开协调会，分析原因、解决问题。如在解决某企业拖欠女职工卫生费问题时，工会每周与人社部门对接，了解执法进度；每月实地走访企业，督促企业按时补缴费用。推动企业为 700 余名员工补发费用，增强了工会组织影响力，提升了工会在女职工群体中的公信力。

四、经验启示

多方协同有力推动权益保障：整合司法、人社、工会等多部门资源，打破职能壁垒，形成调研、决策、执行、反馈的全链条协作机制。

闭环管理提高保障效能：通过“会前调研锁定议题—会上研讨明确责任—会后督办验收成果”的闭环模式，确保问题整改不走过场、落实不走样。

动态跟踪确保落到实处：建立督办台账和攻坚机制，对难点问题重点突破，既保障女职工权益，又彰显工会组织公信力。

十二、劳动关系协商协调工作

四川自贡中竞物流有限公司工会
创新构建新就业形态劳动关系治理体系

一、案例概述

四川自贡中竞物流有限公司工会遵循企业劳动关系调处规律，创新构建以源头预防、沟通协商、争议化解、关怀关爱为核心的劳动关系治理体系。通过规范用工流程、畅通诉求渠道、完善争议处置机制及强化员工关怀，有效防范化解劳动纠纷，实现劳动者权益保障与企业高质量发展互促共赢。

二、针对问题

用工灵活性引发的权益保障难题：新就业形态下用工模式

灵活、管理分散，导致劳动合同签订率低、社保参保不规范，易引发劳动纠纷。

员工诉求表达渠道不畅：员工参与企业管理的渠道有限，诉求难以及时反馈，影响员工积极性与企业凝聚力。

劳动争议处理效率低：缺乏系统性预警与分级响应机制，复杂纠纷处理周期长，易升级为群体性矛盾。

员工归属感与职业发展缺失：一线员工工作强度大、福利保障不足，缺乏技能提升与成长通道，难以形成长期稳定劳动关系。

三、主要做法

（一）强化源头预防，推动劳动者全员签约参保。

打造中通快递人力资源监管数字化平台，建立劳动合同管理、社会保险参保、劳动安全防护三大机制，规范“入职规范签约—在职动态监管—离职有序交接”标准化用工流程。

重点将社保缴纳情况纳入企业合规管理体系，结合人事部门月度自查、工会季度督查，实时监控劳动合同签订、社保缴纳等关键环节，做到“入职同步签订合同、岗位变动同步变更条款、离职同步办理解约手续”三个同步，实现一线员工社保参保率、劳动合同续签及时率双 100%，社保零欠缴零投诉。

（二）创新民主协商，畅通员工诉求通道。

每年召开 1 次职工代表大会，审议重大决策，推动弹性排班制优化、智能分拣设备改良等 23 项管理制度革新。

建立集体协商、提案办理 2 项长效机制，设立车间民主议事会、班组恳谈会、线上意见箱3级沟通渠道，推动完成电动车充电棚建设、公交站台增设、食堂菜品升级等员工提案。

同步推行“金点子”奖励计划，职工建设性意见建议采纳率达90%，实现职工与企业发展双赢。

（三）完善制度机制，实现劳动争议闭环化解。

建立预警监测机制，通过分析考勤异常、薪资纠纷等数据，实现争议隐患提前预警。

建立分级联调机制，按照矛盾复杂程度启动分级响应，简单纠纷由车间调解员处理，复杂问题联动司法、工会等多方调解。

建立数字赋能机制，接入全国在线调解平台，实现纠纷处理全流程数字化，调解周期缩至3个工作日。

（四）加大关爱力度，培育共生文化。

实施“职工幸福指数提升工程”，构建工作有尊严、生活有关爱、发展有通道的职工幸福保障体系。

工作方面，建立职业健康档案、优化劳动防护标准。

生活方面，完善职工宿舍、医疗帮扶等福利体系。

发展方面，搭建“阶梯式成长平台”，联合职业院校实施“订单式培养+岗位练兵+技能比武”人才培育计划，帮助300余名一线快递员实现职业技能等级晋升。同时建立常态化成长机制，每季度开展述职竞聘活动，将技能提升与工资绩效挂钩，形成“以赛促学、以评促优”的良性循环。

四、经验启示

实施规范化管理以实现源头预防：规范用工流程，将社保缴纳纳入合规管理，实现与劳动合同和社保参保的“三个同步”，可从源头上规范用工管理，减少劳动纠纷。

健全民主机制以畅通诉求表达渠道：通过召开职工代表大会、建立集体协商等机制畅通员工诉求渠道，能激发职工参与企业管理的积极性，实现企业和员工的双赢。

加强预警监测从而防患未然：建立预警监测、分级联调和数字赋能机制，可提前预警争议隐患，并高效处理矛盾纠纷。

强化关心关爱有助于促进劳动关系和谐：通过实施“职工幸福指数提升工程”，提升员工的归属感和忠诚度，有利于形成企业与职工共同发展的良性循环。

浙江宁波宁海县岔路镇高坛园区工会完善职工代表大会制度 激发小微企业民主管理活力

一、案例概述

宁波市宁海县岔路镇高坛园区工会联合会针对区域内企业主体多元、诉求分散的特点，加强工会与政府、企业等各方协同，构建区域职工代表大会管理体系，帮助职工深度参与职工代表大会筹备、召开、落实的各个环节，激发小微企业民主管理活力，优化基层协同治理，建设平安和谐园区。

二、针对问题

企业主体多元导致诉求分散：区域内企业类型复杂，职工需求差异大，缺乏统一高效的诉求收集与整合机制。

小微企业资源有限，民主管理规范化不足：小微企业因规模小、资源有限，难以独立开展规范化的民主管理活动，职工参与度低。

职工诉求转化为政策的动力不足：跨部门协同治理机制不健全，职工权益保障难点问题难以通过制度化渠道高效解决。

三、主要做法

（一）筹备阶段兼顾各方，筑牢民主根基。

广纳基层代表：通过企业职工推选、基层党组织推荐，经园区工会联合会职工代表资格审查小组与职工代表大会预备会议双重审核，筛选政治素养高、群众基础好的职工代表，确保职工代表涵盖一线职工、专业技术人员、管理层等各类群体。

聚焦职工诉求：依托“工情通”“工会主席接待日”“职工说事”等途径常态化收集职工需求，职工代表、工会干部线下走访调研，线上精确分析提炼薪酬福利、劳动保护等高频诉求，推动职工关注热点纳入职工代表大会议题。

严把提案质量：组建工会委员、专业技术人员、法律顾问组成的职工代表提案预审小组，通过预审小组评估、职工代表会商，统筹考虑议题必要性、职工参与度、法律合规性，从源头提升职工代表提案质量。

（二）召开阶段协同联动，彰显民主效能。

规范流程，健全标准：制定园区职工代表大会标准化操作手册，统一规范议程设置、代表选举、提案办理、表决实施等标准。园区工会联合会组建团队对会议方案进行前置审核，确保程序合规、材料完备。

轮值牵头，整合资源：每年由龙头企业轮流召集区域职工代表大会，园区工会联合会、轮值企业、职工代表共同筹备会议，并由园区工会专员、轮值企业工会主席作为“双联络人”确保会议筹备、组织、表决等环节严密规范。

分类表决，提升质效：对区域共性议题和企业个性议题实行差异化审议，共性议题由全体代表集中表决，确保区域政策统一；个性议题按企业类型分组讨论，兼顾普遍与特殊需求。

（三）落实阶段闭环增效，释放治理动能。

多渠道公示，决议看得见：通过园区微信公众号、企业厂务公开栏、职工代表微信群等，对职工代表大会决议事项、责任分工、完成时限进行公示，决议内容职工知晓率达100%，同步公开提案办理进度、时限。

全链条督办，落实有力度：工会联合会、人大代表联络站、政协委员工作室联动，将涉及职工权益保障、劳动条件改善等跨区域、跨部门难点问题，通过社情民意反映，或以人大建议、政协提案形式提交至地方两会，推动优化区域政策。

多元化联动，共治见成效：园区工会联合会加强与公安、法院、司法、市场监督、综合治理等部门协作，实现政府、企业、职工各方联动，开展政策宣讲、争议调解、法律援助，实现区域协同治理。截至 2025 年，累计化解职工矛盾纠纷 380 余起，协办法律援助 95 件，调解劳资纠纷 135 起。

四、经验启示

统筹回应职工诉求：通过企业职工推选、基层党组织推荐，优化职工代表结构，线上线下精准抓取职工高频诉求，将分散的个体诉求转化为可落地的提案、议案，可以有效打通区域内广大企业与职工间的服务供需壁垒。

兼顾共性个性需求：通过园区工会专员、轮值企业工会主席“双联络人”，整合园区和企业两方面资源，实行会前预审、会中监督、会后复核，以及共性、个性议题分类表决，从而兼顾区域政策统一性与企业管理特殊性。

创新协同共治路径：构建“人大 + 政协 + 法院 + 政府部门 + 工会”联动机制，将职工诉求通过提案、议案转化为政策优化动力，能够推动民主管理从企业内部延伸至区域协同。

十三、劳动领域政治安全工作

江苏苏州市总工会
大力推动信息员队伍建设
织密劳动领域安全稳定防护网

一、案例概述

苏州市总工会结合市场主体高度集聚、就业人口基数庞大，以及劳动领域面临的新情况、新问题、新挑战较多等实际，聚焦劳动领域风险隐患“早发现、早报告、早处置”目标，大力推进劳动领域政治安全信息员队伍建设，明确培育思路、优化培育方式、强化动态管理，构建起“市级—区（市）级—镇（街道、开发区）级—重点领域、行业、企业”四级信息工作网络，形成覆盖广泛的信息收集与预警体系。

二、针对问题

信息员队伍建设滞后于现实需要：市场主体密集、新业态劳动者群体扩大，传统培育模式难以适应快速变化的现实情况。

信息员培育脱离基层具体情况："一刀切"的培育模式难以适应基层实际，导致缺乏常态化、专业化的信息收集渠道。

日常管理培训未与基层治理协同：信息员缺乏统一教育管理，劳动关系监督力量分散，需整合资源形成协同联动机制。

三、主要做法

（一）明确培育思路，有力压实各方责任。

2024年，苏州市总工会在原有1034名信息员的基础上，提出"建强万名信息员队伍"目标，明确信息员队伍来源构成、职责任务、培训管理等要求，确定"先打地基、逐步拓展"的建设思路，根据企业和职工会员数量，科学合理划定各地信息员的预期规模。

市、区两级总工会组建主要领导同志牵头的信息工作领导小组，通过主席办公会、月度专题调度、年度工作总结等方式，压实各级责任，强力推动落实。

全市目前已发展劳动领域信息员12115名，构建"市级—区（市）级—镇（街道、开发区）级—重点领域、行业、企业"四级信息工作网络。

（二）立足基层实际，优化拓展培育路径。

鼓励全市各级工会根据产业结构、企业类别和规模、职工队伍特点等实际情况，自主选择培育发展信息员的方式方法。

苏州市总工会本级将地方联动机制成员单位的联络员发展为信息员，获得稳定、及时、高质量的信息来源渠道。

姑苏区总工会依托较为成熟完善的工会劳动法律监督组织网络，着力培育政治素质高、业务能力强的监督员成为信息员。

工业园区总工会与人社部门紧密协作，吸纳执法人员和基层网格员加入信息员队伍，共同开发信息化平台，融合“一函两书”发布、劳动安全信息报送等功能，打造监督预警机制。

常熟市总工会跨前一步，率先在新业态领域布局信息工作网络，目前已覆盖快递、家政、美容美发、直播、网约车及货运等行业劳动者群体。

（三）强化动态管理，有效提升履职能力。

坚持“实名登记、动态管理”，建立信息员名册，每季度更新信息员进出情况。

加强教育管理，在重要时间节点，市总工会通过适当途径向信息员发布风险提示，要求其重点关注、加强排查、及时报送信息。

坚持服务实战，加强教育培训，2024 年通过线上线下等方式组织培训 93 场，覆盖 3300 余人次，有效提升信息员履职能力。

四、经验启示

提高对信息员队伍建设重要性的思想认识：信息员是劳动关系运行的“知情人”、风险隐患的“报告人”，各级工会应切实强化对信息员队伍建设工作的组织领导，在资源、力量、政策上有所倾斜。

加强信息员队伍建设应当因地制宜：在信息员队伍建设的过程中，应当发挥基层工会的自觉性、积极性、主动性，防止政策“一刀切”，鼓励各级工会探索符合当地实际的信息员队伍建设路径。

信息员队伍建设管理应当抓在平时：信息员队伍建设是一个长期运行、动态发展的过程，必须加强人员管理培训工作，保证信息员队伍保持稳定的工作状态、素质水平，确保其有效发挥作用。

四川广元市总工会创新建立川陕甘毗邻地区维护劳动领域政治安全协作机制

一、案例概述

四川省广元市地处川陕甘接合部，广元、汉中、陇南三市跨区域就业职工权益保障难协同等问题时有发生，职工队伍安全稳定风险极易跨区域传导共振。为破解这一难题，广元市总工会创新建立川陕甘毗邻地区维护劳动领域政治安全协作机制，通过机制联建、源头联防、矛盾联调、风险联处四大工作格局，协同兄弟工会开展风险预防和矛盾化解工作，有效维护区域劳动关系和谐稳定。

二、针对问题

跨区域劳动争议处理机制缺失：三地工会在劳动争议协调、法律援助等方面缺乏联动机制，导致矛盾纠纷难以高效化解。

职工思政引领与维权服务不足：职业技能提升渠道有限，跨区域稳岗就业支持力度不足。

劳动矛盾纠纷异地调处存在困难：货车司机等群体缺乏共享服务平台，法律服务资源下沉不足，异地维权存在障碍。

风险防控体系不完善：跨区域劳资纠纷、网络舆情等风险排查不系统，应急处置预案针对性不强。

三、主要做法

（一）机制联建。

由广元市总工会牵头，广元、汉中和陇南三地工会共同签署《川陕甘毗邻地区维护劳动领域政治安全合作框架协议》《川陕甘毗邻地区区域劳动争议联处协同合作框架协议》，建立川陕甘毗邻地区工会维护劳动领域政治安全区域协作联动机制。

建立联席会议制度，成立领导小组，每年轮值召开联席会议。

建立沟通联络机制，针对跨区域职工队伍稳定风险隐患加强情报信息互通和会商研判。

建立快速处置机制，用好地方联动和三地工会劳动领域协作机制，高效防范化解风险，管控处置事件。

建立联合调研机制，组织开展专题调研和理论研讨，为促进区域维权维稳提供决策参考。

（二）源头联防。

协同加强思想引领，联动开展“中国工人大思政课”、“职守国家安全·工筑人民防线”全国职工国家安全教育、区域劳模工匠宣讲团进园区等活动。

合力实施就业帮扶，依托广元·川陕甘区域中心人力资源市场等平台，举办大型招聘会、工业园区企业暨高校毕业生专场招聘会，实现跨区域稳岗就业超 3000 人，联办职业技能提升赛事 3 场。

（三）矛盾联调。

建立三地工会和人社部门劳动争议联处协同联席会议制度，研究跨区域劳动关系协调重大事项。

组建川陕甘（广元）毗邻地区劳动争议联调中心，成立区域劳动人事争议调解委员会，常态化受理涉及三地就业群体劳动争议，将矛盾纠纷发现在早、化解在小。

组建区域调解仲裁专家库和律师服务团，及时提供异地工会法律援助，精准识别、通报和调处跨区域劳动争议。

（四）风险联处。

坚持全面摸排、专项摸排和重点摸排相结合，常态化协同开展区域劳动领域政治安全风险隐患排查化解，对照风险等级进行提示、预警、重大事项督办、提级管控。

建强用好地方联动机制，建立健全跨区域应急处置预案，定期组织开展应急演练，贯通“会商、预警、处置”全流程、各环节，及时高效处置跨区域重大劳资纠纷、重大网络舆情事件，努力实现不出问题或少出问题，出了问题及时解决，确保不出大问题。

经常性开展典型疑难案例研讨复盘，不断提升跨区域劳动领域风险防控处置工作的规范化、专业化水平。

四、经验启示

以机制联建打破地域壁垒：通过签署合作协议、建立联席会议制度等，有利于打破地域限制，形成跨区域工作合力。

以源头治理夯实维稳基础：通过思想引领、就业帮扶和维权服务等措施打牢维权服务基础，有利于从源头上预防和减少劳动纠纷。

以联调联处提升化解效能：建立区域联调中心和专家库，形成防范化解合力，从而实现劳动争议早发现、早化解。

以风险闭环管理提升处置能力：常态化开展风险排查、应急演练和案例复盘，总结提炼成功经验，可以有效提升风险处置能力。

十四、产业工会更好发挥作用工作

四川成都市总工会优化制度机制
促使产业工会更好发挥作用

一、案例概述

四川省成都市总工会通过统筹优化组织体系、运转制度、职责清单和资源保障，有效整合资源并激发基层活力，系统性提升产业工会对工运事业的贡献率和自身发展能力。

二、针对问题

产业适配度不足：产业工会与地域产业结构匹配度低，覆盖范围有限。

联动支撑性薄弱：产业工会缺乏与行业主管部门及基层单

位的协同机制，实干攻坚能力有待提升。

创新发展动力弱：产业工会在工会整体工作中的独特作用发挥不充分，业务体系化、特色化不足。

资源保障不充分：产业工会专职力量配备不足，资金投入和重点领域支持力度有限。

三、主要做法

（一）优化组织设置，提升产业工会组织体系建设与地域产业结构的适配度。

精准对接产业链：把握市域现代化产业体系结构性特征，改革设置电子信息、装备制造、财贸轻化纺等市级驻会产业工会 6 个，覆盖国民经济行业大类 46 个。

动态覆盖机制：推动市级驻会产业工会实行“委员会制”，其中产业工会主席均由市管领导干部兼任。秉持产业链视野，厘清市级产业工会对所属企事业单位工会的组织领导关系，采取“集中明确 + 适时调整 + 动态组建”方式保障有效覆盖，涵盖企事业单位工会 829 家。

创新建会形式：出台《关于加强和规范区域性（行业性）工会联合会建设的实施意见》，稳妥有序推进市级行业工会联合会试点，已组建市级驻会产业工会所属工会联合会 18 个。

数智化转型：稳步探索推进工会组建、基层工会规范化建设、组织关系管理、会员会籍管理数智化变革，开发专门系统并吸纳基层工会 3.28 万个，其中产业工会所属企事业单位工会入驻率达 78.86%。

（二）优化运转制度，提升产业工会联动各方实干攻坚的支撑性。

建立联席会议制度：坚持健全市级驻会产业工会与行业主管部门联席会议制度，形成“市总工会协调市级部门（单位）建立制度，市级驻会产业工会与市级部门（单位）责任处室抓落实”的运行模式，截至2025年，已覆盖市经信局、市交通局等9个市级部门（单位）的内设机构18个。

完善机关抓落实机制：市总工会机关运用年初务虚、全委会部署、目标绩效考评牵引、推进会问效、年终述职亮绩制度构建抓落实闭环，5项制度对市级驻会产业工会100%覆盖。

跨层级联动实践：坚持引导激励市级产业工会聚焦产业工人队伍建设、协调劳动关系等职能建立跨系统、跨层级联动机制，其中市交通建设工会已与市交通局就网约车司机数据资源共享等事项建立联动机制3个。

（三）优化任务清单，提升产业工会在推进工会事业创新发展中的地位作用。

三张清单融合推进：坚持采取“重点工作、创新工作、基础工作融合发展”思路组织带动产业工会制订年度计划，促使产业工会每年编制承接机关内设机构任务、自身组织体系建设、自主谋划特色亮点事项3张任务清单。

体制机制更加完善：健全领导产业工会的体制机制，每年筹备召开产业工会工作专题会议，累计研究解决事关产业工会建设运转的具体问题18个。

专项计划落地：确立“厘清职责边界，增进有效联动”原则，完成内设机构职责表述优化充实，启动县级地方工会建设扶持、产业园区工会运转提效、区域性行业性工会联合会建设 3 个专项计划，进一步理顺产业工会与机关内设机构、县级地方工会、产业园区工会和区域性行业性工会联合会的相互关系。

（四）优化资源保障，提升产业工会推动自身业务工作体系化、特色化发展的战斗力。

专职力量配强：按照“专兼挂相结合”方式配强产业工会力量，以“1 名常务副主席 +1 名专职副主席 +2 至 3 名在编在岗干部”标准完成专职力量配备。

双轨预算保障：坚持将市级产业工会所需纳入市总工会本级年度预算，采取“内设机构统一申报 + 产业工会自主申报”的“双轨并行”方式保障产业工会资金，其中 2024 年度市级产业工会共计自主申报支出预算 1749 万元。

重点领域倾斜：坚持发挥产业工会熟悉产业、紧密联系职工的独特优势，推动对产业工人队伍建设改革重点企业遴选扶持、工匠人才培育认定、劳动和技能竞赛立项、典型表彰、基层经费补助、干部培训等事项在分配资源时予以适度倾斜，其中市级产业工会培育的成都工匠有 1914 名，占比 62.55%。

四、经验启示

组织建设要精准适配产业需求：通过优化产业工会设置，使其与地域产业结构紧密结合，能够更有效地覆盖和服务于不同行业企业。

强化联动机制以提升协同效能：建立健全产业工会与行业

主管部门的联席会议制度，形成上下联动、跨部门协作的运行模式，能够有效整合资源，解决实际问题。跨系统、跨层级联动机制有助于提升产业工会在协调劳动关系等方面的能力。

任务清单化有助于推动工作落实：通过制定“重点工作、创新工作、基础工作”三张任务清单，明确产业工会的职责和目标，确保各项工作有序推进。

加大资源保障力度以支撑职能作用发挥：按照“专兼挂相结合”的方式配强产业工会力量，并通过“双轨并行”的预算申报方式保障资金投入，将资源向产业工人队伍建设、工匠人才培育等重点领域倾斜，才能有效提升产业工会的战斗力和影响力。

新疆维吾尔自治区教育工会
充分发挥产业劳模工匠和名医名家优势
共促“一带一路”建设

一、案例概述

新疆维吾尔自治区教育工会（简称“新疆教育工会”）立足新疆与中亚国家的独特区位优势及良好合作基础，秉承“从劳模入手、用技能交融、促民心相通”的理念，依托新疆医科大学及其附属医院、中国科学院新疆理化技术研究所的资源禀赋，充分发挥劳模工匠和名医名家的创新工作室作用，面向“一带一路”共建国家开展医药科技合作、医疗技术服务能力提升及医药文化互鉴等交流合作，推动“一带一路”建设。

二、针对问题

国际合作缺乏实体抓手：跨境医疗科研合作碎片化，未形成长效机制。

人文交流基础薄弱：文化互鉴与人才培养缺乏可持续平台支撑。

优质项目对外输出不足：中医技术、抗疫经验等专业能力未系统惠及共建国家。

三、主要做法

（一）立足劳模工匠创新工作室，推动建立长期合作协议。

新疆教育工会立足劳模工匠创新工作室这个实体，推动新疆医科大学及其附属医院与“一带一路”共建国家知名院所团队签订医疗服务、医药研发、学术交流等战略合作框架协议。

依托新疆医科大学心血管学科创新工作室，与哈萨克斯坦国立医科大学、乌兹别克斯坦中乌医药科技城等，围绕临床诊治和精准诊疗平台建设、技术推广培训等，联合开展 8 个科研项目。

依托新疆医科大学第四附属医院肿瘤科、中西医呼吸科创新工作室，与乌兹别克斯坦国立创伤矫形与骨科医学科学中心、塔什干国立医科大学就国际教育及医药合作签订长期协议。

依托新疆医科大学第六附属医院脊柱畸形学科劳模工匠创新工作室，与乌兹别克斯坦、哈萨克斯坦开展医疗合作交流，并同 2 个国家的 5 所医疗机构签署交流合作协议书。

（二）积极搭建平台，夯实常态化互访交流的基础。

新疆教育工会通过双边多边“中医中心”“中乌医药科技城”以及跨境远程医疗信息平台，形成“线上会诊、线下转诊”工作格局。

建立常态化互访机制，协调组织劳模工匠和名医名师与“一带一路”共建国家开展多层次交流研讨活动。推动新疆医科大学统筹各附属医院劳模工匠创新工作室力量开展中亚五国巡回医疗，先后派出 11 个团队 67 人前往哈萨克斯坦、吉尔吉斯斯坦开展医疗卫生座谈交流、病例分享、疑难病例讨论等系列活动。

以劳模工匠创新工作室领衔人为牵引，协调新疆医科大学与格鲁吉亚库塔伊西大学共建孔子学院（课堂），开设中文水平考试兴趣班，为当地学生和社会各界人士教授中文、介绍中华文化等，传播中国文化。

（三）组织动员名医名家提供优质国际服务，讲好中国职工故事。

新疆教育工会组织动员产业内劳模工匠、名医名家共同为“一带一路”共建国家群众、华人华侨和中资机构职工群众提供优质高效的医疗服务。

新冠疫情期间，选派 8 名专家前往巴基斯坦、吉尔吉斯斯坦开展疫情防控工作，分享中国抗疫经验，帮助完善防控体系，为当地 3000 余人次医务人员、群众及国外务工人员举办线上线下培训讲座。

新疆医科大学第四附属医院劳模工匠创新工作室依托乌兹别克斯坦塔什干市“中医技术治疗与培训中心”和中乌新药“一带一路”联合实验室，为2500余人次华人华侨及在乌务工人员诊疗。

新疆医科大学第六附属医院劳模工匠创新工作室成员，主动参与救治“一带一路”共建国家患者，近三年来，共收治来自俄罗斯、巴基斯坦、乌兹别克斯坦等国家的外籍患者300余人次，赢得良好国际声誉。

四、经验启示

发挥好创新工作室的核心载体作用：通过聚集人才与科研优势，推动产业工会实质性融入“一带一路”建设，深化国际合作广度与深度。

健全制度机制以实现对外交流的常态化、长效化：搭建稳定的交流平台、建立常态化互访机制、推动多层次交流研讨活动是深化国际合作、推动文化交流的重要保障，可以有效夯实多领域合作的基础。

通过提供优质服务提升中国工会影响力：通过组织动员名医名家为“一带一路”共建国家提供高质量的医疗服务，能够增强中国工会对外交流交往的国际影响力和声誉。

十五、工会外事和港澳台工作

黑龙江省总工会依托地缘优势
创新开展对俄工会外事工作

一、案例概述

黑龙江工会充分发挥地处东北亚中心和对俄开放前沿的区位优势，持续深化与俄罗斯远东地区工会组织的友好交往，强化对在俄务工人员维权服务，深化开展中俄职工技术交流与疗休养合作，推动了两国工会友好交流，促进了两国职工民心相通。

二、针对问题

工会交流机制不畅通：两国市（县）级工会对话层级低、

统筹不足，缺乏系统性协作平台。

在俄务工人员维权力度不足：跨境法律政策差异大、沟通协调困难，劳动者权益保障存在障碍。

职工技能竞赛及疗休养活动受阻：受疫情等因素影响，两地职工技术交流与人文互动停滞。

三、主要做法

（一）主动拓展对俄地方工会沟通维度，突破传统市（县）工会对话单一渠道。

2024 年，与俄罗斯阿穆尔州工会签订为期三年的隔年互访协议，建立起黑龙江省级工会与俄地方工会组织在人文交流、职工维权服务等方面的协作机制。

2024 年 11 月，与俄罗斯哈巴罗夫斯克边疆区工会联合会召开远程视频会议，就双方关心关切的问题交换意见，达成一系列共识。

2025 年 5 月，成功接待俄罗斯独立工会联合会代表团访问黑龙江省，进一步推动了中俄地方工会的交流合作。

（二）巩固最北边境职工维权服务工作成效，打破跨境维权协作障碍。

黑龙江省总工会建立“龙工护盾”联盟，在俄罗斯阿穆尔州建立“黑龙江省职工法律服务俄远东工作站”。

黑河市总工会建立“职工维权服务阿穆尔州总站”和“职工维权服务布拉戈维申斯克市分站”。

佳木斯市、抚远市总工会与俄罗斯哈巴罗夫斯克边疆区工会联合会建立定期会面机制。

鸡西市总工会与俄罗斯乌苏里斯克市总工会就共同建立职工维权联动机制及服务机构签订《合作备忘录》。

牡丹江市总工会依托黑龙江省总工会“龙工护盾”联盟，在绥芬河、东宁、穆棱3个边境县市建立涉外职工维权服务站。

（三）开展中俄职工技术交流与疗休养合作，促进中俄职工民心相通。

2024年在黑河市和俄罗斯布拉戈维申斯克市举办品味两岸·中俄美食品鉴会暨西餐职业技能大赛，为中俄两地西餐行业职工搭建竞技交流平台。

举办国际2025寒区汽车测试职工技能大赛，为中外选手搭建了切磋技艺的平台，推动了国际技术合作。

打造“冬冰雪、夏避暑、春赏花、秋观叶”四季疗休养品牌，开设学习制作中国结、麦秸画等民族工艺课程。

黑龙江省五大连池工人疗养院举办2025年中俄元旦跨年联欢晚会，2024年以来接待俄罗斯疗休养人员5097人次。

四、经验启示

强化省级工会统筹主导：通过顶层设计推动地方特色实践，有利于突破传统单一模式，推动对俄远东地区工会组织交流从表层化交往向全方位、深层次、宽领域合作转型升级。

以维权服务彰显中国担当：为跨境务工人员提供更有力的保障，创造更加公平、有尊严的发展环境，有利于在跨境协作中彰显中国担当，展现中国工会促进公平发展的积极形象。

通过常态化互动深化互信：通过高层对话、技能赛事、疗休养项目等载体，将国家政策转化为民间情感认同，能够有效助力“睦邻友好”落地生根。

广东省总工会创新粤港澳工会协同机制
助力大湾区高质量发展

一、案例概述

广东省总工会携手港澳工联会建立粤港澳大湾区工会联席会议机制，通过构建常态化协同议事平台、打造技能提升载体、搭建职工交流桥梁、创新跨境服务保障体系，推动政策互通、资源共享与活动联办，有效整合三地工会资源，助力大湾区高质量发展。

二、针对问题

跨区域跨制度工会协作难：三地法律体系、制度体系和管理体系不同，导致工会协作存在困难。

三地工会交流合作深度不够：工会之间的交流与合作缺乏深度，对高质量发展聚焦不够。

品牌活动不多、影响力不足：具有影响力的工会活动品牌不多，难以促进三地职工的深度交流与融合。

港澳职工跨境劳动权益保障缺失：港澳职工在跨境工作时面临权益保障缺失的问题。

三、主要做法

（一）机制创新：构建常态化协同议事平台。

信息共享、政策共研、协调联动。粤港澳大湾区工会联席会议机制建立以来，三地工会克服疫情影响等困难，坚持每年通过线上或线下方式召开联席会议，三地工会主要负责人共同研究职工权益保障、技能培训、文化交流等关键议题，形成决策共识。协调整合三地工会力量推动落实各项任务，实现了协作有机制、议事有平台、行动有合力。

（二）人才共育：打造技能提升与创新载体。

积极组建粤港澳大湾区劳模和工匠人才创新工作室联盟，为职工开展技术创新提供平台。

探索建设大湾区工匠学院，构建多层次技能提升体系；将在粤港澳职工纳入当地劳模等荣誉评选范围，鼓励港澳职工参与建设。

组织劳模进企业、进校园活动，弘扬劳模精神、劳动精神、工匠精神，为推进大湾区高质量发展作出积极贡献。

（三）文化融合：搭建职工交流互动桥梁。

举办“千人汇湾区”“粤港澳工会交流营”等品牌活动，有力促进了三地职工互访互动、深度了解。

举办港澳职工内地红色教育基地研学活动，组织9个地市举办具有地域特色的文体交流活动，进一步增进了港澳职工的文化认同、民族认同、国家认同。

（四）服务升级：创新跨境服务保障体系。

担任澳门工联总会广东办事处业务主管单位，并协调有关地市工会大力支持香港工联会内地咨询服务中心发展。

召开港澳工联会内地工作座谈会，制定《关于加强广东工会与香港工会联合会内地咨询服务中心合作的工作指引》，明确合作内容、方式及责任分工，推动服务规范化、制度化。

强化对服务中心、办事处及所在地市总工会的业务指导和资源支持，为在内地港澳职工提供政策咨询、法律援助、就业指导等服务的能力显著提升。

四、经验启示

强化协作要立足于机制创新：建立联席会议机制、构建常态化协同议事平台，实现信息共享、政策共研和协调联动，确保协作有机制、议事有平台、行动有合力。

通过人才共育获取发展动力：通过持续举办职业技能竞赛等方式深化人才共育机制，提高职工创新创造能力，为大湾区高质量发展提供坚实的人才支撑。

加强交流互鉴促进融合发展：以品牌活动促进职工互访互

动，不断增强港澳职工的爱国精神和归属感，为促进大湾区融合发展奠定坚实的民意基础。

通过服务升级不断满足职工需求：推进服务模式创新，有效解决港澳职工跨境权益保障缺失问题，持续提升其获得感、幸福感、安全感。

十六、选树培育推广先进典型标杆工作

中原环保工会
整合多工种劳模工匠创新工作室集群优势
推动企业技术创新发展

一、案例概述

中原环保工会为有力推动公司技术创新发展，积极整合公司下属主攻污水处理、污泥处置、机修电仪等多个工种的 12 家劳模工匠创新工作室，通过由 1 个国家级劳模工匠创新工作室“头雁引领”，11 家省级、市级、产业级劳模工匠创新工作室“群雁协同”，实现不同工种劳模工匠创新工作室之间的合作技术攻关、技能人才轮训、联合项目研发，解决各生产单位和排水行业各工种的技术发展瓶颈，汇聚技术创新合力。

二、针对问题

劳模工匠创新工作室单打独斗难以满足技术迭代需求：环保产业技术更新速度快，单个工作室的独立研发模式效率低，无法快速响应行业技术发展需求。

跨工种劳模工匠创新工作室缺乏协同机制：不同专业领域的创新工作室之间未建立有效合作机制，导致资源分散、技术互补性不足，难以形成创新合力。

人才培养模式与企业需求脱节：现有的人才培养体系无法针对性输出多层次技术人才，制约企业技术升级和产业转型。

三、主要做法

（一）打造标杆劳模工匠创新工作室。

搭建劳模工匠引领创新平台：以全国劳模和笑天为模范引领，整合高技能人才资源“搭班子”，以攻关环保产业技术难点为导向，从组织架构、工作机制入手逐步建设和完善和笑天劳模创新工作室。

构建阶梯式师徒传承体系：工作室因材施教、采用新型“师带徒”模式，形成“一位高级技师带两位技师、两位技师带四位高级工、四位高级工带八位中级工”的师徒传承体系，为公司劳模创新工作室建设运行和树立标杆提供了参考借鉴。

发挥标杆工作室带动作用：和笑天劳模创新工作室作为中原环保劳模工匠创新工作室集群的标杆，牵头开展公司各项“五小”项目攻关、经验交流、人才培养工作。

（二）发挥劳模工匠创新工作室集群效应。

构建三级创新工作室联盟平台：整合公司下属国家、省、市级 11 个劳模工匠创新工作室，搭建“郑州市排水行业劳模和工匠人才创新工作室联盟”。

全维度激发集群创新效能：在设施建设、机制建立、绩效考核、项目研发等方面全面发力，在“头雁”引领下围绕降低成本、节能减排、污染防治、环境保护、技术改造、技术革新、安全生产等主题，工作室可独立运作，或两家以上工作室组成攻坚小组，组织开展技术攻关、管理创新、科学研究等活动，推广普及先进的创新理念、技术和方法。

量化成果彰显技术攻坚价值：推出发明专利 24 项、实用新型专利 178 项，创造经济效益近 6000 万元，解决各生产单位和排水行业各工种的技术发展瓶颈，汇聚技术创新合力。

（三）培养人才梯队。

构建多层级技术创新孵化网络：在 12 个劳模工匠创新工作室架构中建立多个技术创新和项目孵化小组，各工作室直接实现资源配置和人才交流畅通。

双轨驱动项目与人才升级路径：以项目攻关为载体，创新工作室成员自行结成若干技术创新小组，挖掘项目从“基层小改小革”到“公司核心技术”的升级路径，探索小组成员从“基层创新达人”到“科研创新骨干”的成长通道。

量化技能人才梯队建设成果：截至 2025 年，公司取得高级技师等级认定证书的有 36 人，取得技师职业技能等级认定证书的有 255 人，取得高级工职业技能等级认定证书的有 552 人。

四、经验启示

建立跨领域协作机制：以标杆工作室为支点，串联多工种创新单元，解决单一工作室资源受限问题。

发挥创新工作室集群效应：通过创新工作室集群式发展，可以有效汇聚各方力量，形成技术创新合力。

打造阶梯式人才培养体系：通过阶梯式培养实现技能等级与创新能力的双向提升，形成可持续的技术人才储备。

福建厦门市总工会创新培育机制
推进数字工匠人才队伍建设

一、案例概述

为积极应对产业变革和人才需求的双重挑战，厦门市总工会创新构建“联盟协同 + 平台支撑 + 激励保障”的数字工匠人才培育工作机制，推动创新链、产业链、人才链有机融合，形成一体化数字工匠人才培育范式，为数字经济与产业融合发展提供有力人才支撑。

二、针对问题

培育合力不强：数字工匠人才培养依赖单一主体，跨行业、跨领域协同机制缺失，资源分散重复投入。

技能提升渠道窄：数字职工技能提升途径单一，缺乏系统性竞赛、培训、创新展示平台支撑。

内生动力不足：部分职工对技能成长重视度不高，企业激励机制不完善，人才职业发展通道不畅。

三、主要做法

（一）创建联盟，开辟数字人才培育新路径。

组建市级数字经济产业工会联盟：加强与市信息协会、大数据产业协会、软件园区管理单位等协作，创新成立全省首个市级数字经济产业工会联盟，健全“组织联建、信息联通、活动联办、工匠联育、服务联动”工作机制，先后深入 40 家规模以上数字企业开展调研，组织召开联盟圆桌会议、座谈会，联合培育和选树“数字工匠”。

搭建数字“创新云”联盟：推进数字经济领域劳模工匠创新工作室建设，增强协同创新攻关、共育数字人才合力。整合工会、院校、企业等资源优势，探索产教一体、工学结合的数字工匠培育方式，累计开展线上线下培训 4.3 万余场，服务职工 260 余万人次，为数字职工岗位成才搭建“快速通道”。

（二）优化平台，打造数字技能提升新赛道。

以赛促学强化技能：突出在大数据、云计算、软件服务等数字经济核心领域组织举办机器人焊接技术、数字孪生城市产品设计等数字化应用技术技能大赛百余场。充分发挥市、区职工“三创”基地和线上“匠心平台”的功能作用，组织开展优秀小发明小创造项目扶持活动，常态化开展职工创新交流、创新成果展示。2024 年先后举办全市职工“五小”创新大赛、首届职工数字创新交流大会、厦港澳台职工数字创新成果展等活动，共申报创新项目 1511 个，组织参加第 27、28 届全国发明展并获得 12 金、22 银、24 铜的好成绩。

构建工匠学院体系：推进工匠学院体系建设，构建以厦门市示范型工匠学院和市级工匠学院为主体、产业（企业）工匠学院为基础、网上工匠学院为补充的线上线下培育工作矩阵，先后挂牌全国总工会重点支持的工匠学院 1 家、省级工匠学院 2 家、市级工匠学院 15 家，设立 25 家职工学堂，助力产业工人“由工变匠”。

（三）多方发力，实施工匠人才激励新举措。

纳入高层次人才体系：启动工匠和技能人才培育行动，联合市人社局、市人才办实施“鹭岛工匠”培育工程，推动优秀数字工匠纳入全市高层次人才管理体系，享受相应的人才待遇。注重数字工匠人才创新成果运用，推动把创新攻关成果同先模推荐、职称评定、技术等级认定、工资收入等相融合，激发创新创造活力。

实施阶梯式奖励：健全对从事技能工作的优秀一线产业工人成才激励工作机制，对近三年取得技师及以上职业技能等级证书的技能人才发放一次性奖励，其中，晋级技师的每人一次性奖励 600 元，晋级高级技师的奖励 800 元，晋级特级技师的奖励 1000 元，晋级首席技师的奖励 1500 元，推动数字技能与一线产业工人的技能薪酬挂钩，有效调动广大数字职工成长成才积极性。

四、经验启示

联盟协同有助于整合资源：联盟协同有效整合资源、汇聚力量，形成协同共育数字工匠的良好格局，夯实了人才队伍建设组织基础。

平台赋能有助于提升技能：平台支撑进一步突出强化竞赛引领、创新驱动、培训提升等功能作用，拓展了数字工匠人才培育渠道。

激励保障有助于激发动力：激励保障进一步提升了数字工匠人才的政治地位和经济地位，激发广大职工成长成才的积极性和动力、活力。

十七、财务资产监督管理和经费审查审计工作

天津市总工会创新举措破解基层经费短缺难题有效支持“小三级”工会建设

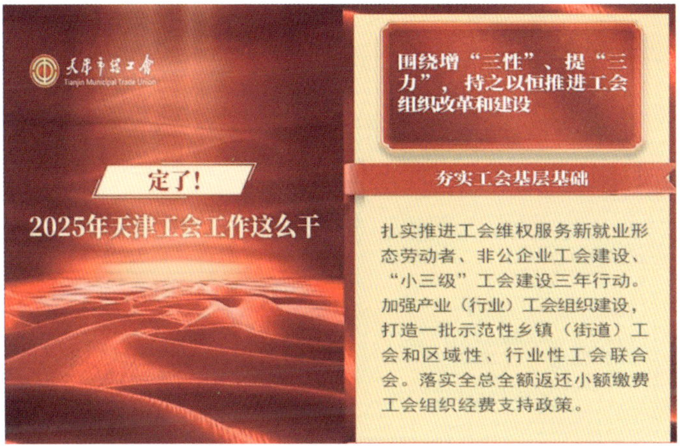

一、案例概述

天津市总工会针对“小三级”工会缺少经费的实际情况，从经费分配机制、专项补助支持、数智化手段运用、资金监管等多维度发力，构建“源头保障 + 精准补助 + 高效管理 + 严格监督”的经费保障体系，有效破解基层工会“无钱办事”难题，推动工会组织建设水平和服务效能双提升。

二、针对问题

经费来源不足：基层工会缺乏稳定的经费来源渠道，依赖上级工会有限的拨款，难以支撑常态化工作。

资金拨付滞后：经费拨付流程烦琐、周期长，加剧基层工会资金周转压力。

使用方向模糊：上级工会对经费回拨补助的分配缺乏明确规范，基层工会资金使用随意性较大。

数智化水平低：没有建立统一的财务资产一体化平台，缺乏统一管理模式、标准规范、监督管理。

监管效能不足：基层工会经费使用合规性缺乏有效监督，存在资金滥用风险。

三、主要做法

（一）明确资金来源渠道。

从经费分配源头入手，明确“小三级”工会经费留成比例，制定《天津市工会经费（筹备金）代收工作管理办法》等多项制度规定，明确给予各乡镇（街道）工会 8% 和滨海新区各功能区工会 14% 的经费留成比例，从经费分配源头解决“小三级”工会组织资金来源问题。

（二）拨付专项补助资金。

按照《天津市工会经费实施项目制和差异化管理办法》的规定，市总工会每年从本级经费中给予各乡镇（街道）总工会每家 10 万元工作补助。市总工会按照规定程序将该项资金列入年度经费预算，并在预算批准后第一时间予以拨付，确保资金及时到位。

（三）明确经费回拨补助用途。

每年对所属各区总工会给予8%的经费回拨补助，并要求各区总工会将经费回拨补助的50%部分用于支持或拨付“小三级”工会等基层工会开展工作；同时，鼓励有条件的区总工会结合自身实际情况加大对困难职工帮扶、送温暖等专项补助的支持力度，形成了市区两级工会资金支持合力。

（四）运用好数智化手段。

依托税务代收系统升级扩充工会经费返还功能。“小三级”工会可通过税务代收系统完成信息采集、数据查询、政策下载等功能操作，市总工会根据数据信息将经费按照留成比例直接拨付至“小三级”工会银行账户，做到信息一次性申报、资金一次性拨付、数据可持续追踪，提高资金拨付效率，缓解“小三级”工会因资金流转环节过长导致的经费紧张问题。

按照“统一管理平台、统一管理模式、统一标准规范、统一监督管理”原则，开发天津工会财务资产一体化平台，免费提供给各级工会使用，实现让数据多跑路、让基层少跑腿。

（五）强化资金日常监管。

加强对“小三级”工会的财务监督，充分利用巡视巡察、纪检监察、政府审计、经审监督成果，建立贯通机制，充分运用近年来审计检查成果，有针对性地进行重点核查。

将乡镇街道总工会补助资金纳入检查范围，制定实施方案，印发工作通知，组织相关工会认真开展专项检查。通过监督检查，促进各乡镇（街道）总工会合规有效使用补助资金，发挥资金应有作用。

四、经验启示

经费资源按工作进行调整分配。随着工会组织建设的不断延伸，工会组织结构呈现出新发展格局，工会经费作为各项工作的经济基础，也要因时因地进行调整。

推进业资融合。工会经费使用投向要符合工会重点工作的要求，促进财务管理与业务工作深度融合。

充分运用数智化手段。将数智化手段引入工会财务管理工作，提高资金流转效率，提升财务监管动能。

甘肃张掖市总工会
整合资源协同联动 推动经审监督质效双提升

一、案例概述

张掖市总工会以“整合资源、协同联动”为突破口，统筹市、县区、乡镇三级工会力量，构建“上下联动、横向交叉”的立体化审计网络，推动不同层级工会在审计项目中协同作战，形成监督合力，实现工会经审工作标准化、体系化。

二、针对问题

层级分割导致监督盲区：市、县区、乡镇三级工会经审工作各自为战，审计覆盖不全，基层工会存在“管不到”“管不好”问题。

标准缺失引发执行混乱：审计内容不统一、流程不规范，基层工会经费管理漏洞频发，缺乏全流程约束机制。

专业能力制约监督质效：经审干部财务、审计等专业知识储备不足，实战经验欠缺，难以发现深层次问题。

监督乏力导致整改不力：审计结果运用不足，问题整改责任不清、跟踪不到位，同类问题反复发生。

三、主要做法

（一）打破层级壁垒，构建上下联动协同机制。

划分三级架构：将工会经审监督体系划分为市级、县区级、乡镇级三级架构。其中，市级工会负责对市总工会、县区工会及大企业工会开展审计；县区级工会对乡镇（街道、工业园区）工会审计；乡镇（街道、工业园区）工会则下沉至基层工会审计。

整合资源力量：整合市、县区、乡镇工会骨干力量，联合开展全市专项审计与监督检查。通过构建“市级—县区级—乡镇级”三级联动的立体化审计模式，形成“上下联动、横向交叉”的监督新格局，有效提升了工会经审监督覆盖广度与执行深度。

（二）完善标准体系，规范审计全流程管理。

全面覆盖审计内容：制定《张掖市工会审计操作指南》，全面覆盖工会经费预算编制、收支管理、资产管理、物品采购、专项资金使用、内控制度执行、政策落实等 10 大关键领域。

优化流程设计：构建“方案制定—实地审计—问题反馈—监督整改”的闭环管理体系。通过“组合拳”，实现基层工会审计范围、内容、流程的标准化和规范化，有效防范工会经费管理漏洞。

（三）锻造专业队伍，提升监督执纪效能。

打造专业化队伍：以打造专业化经审队伍为抓手，吸纳财务、审计、法律等领域专业人员和基层工会业务骨干，建立了80人的审计人才库，定期开展“理论＋实操”培训，全方位锤炼审计人员查问题、析根源、解难题的能力。

建立结对机制：建立“老带新”结对机制，推动新老审计人员共同提高，有效提升审计队伍专业素养和实战经验。

（四）织密监督网络，强化审计结果转化运用。

建立分类台账：依据问题的严重程度，建立“红黄蓝”三色台账，按风险等级分类管理。其中，红色为重大问题，由市级工会挂牌督办整改；黄色为一般问题，由县区级工会跟踪落实；蓝色为轻微问题，交由基层工会限期整改。通过召开整改通报和推进会、工作约谈等方式，动态跟踪整改进度。

纳入评价体系：将审计结果深度融入工作实绩评价体系，与评优评先、经费补助紧密挂钩，激发各级工会整改积极性，有力推动审计问题清仓见底、整改销号，提升经审监督效能。

四、经验启示

优化资源整合有助于提升审计质效：通过整合组织资源、项目资源、技术资源和成果资源，实现审计力量的优化配置、审计项目的统筹实施、审计技术的创新应用和审计成果的充分运用，有效提升了审计质效。

强化协同联动有助于凝聚监督监管合力：加强与纪检监察、财政、审计、税务等相关部门的沟通协作，建立健全工作机制，拓展协同联动的领域和范围，有效实现信息共享、优势互补，形成监督合力。

深化整改落实有助于释放经审监督效能：构建完善审计整改工作机制，压实整改主体责任，加强跟踪督促检查，确保审计发现的问题得到有效整改。

十八、自身建设改革工作

浙江衢州市总工会
以组织体系改革提升服务效能
更好发挥桥梁纽带作用

一、案例概述

衢州市总工会聚焦理顺市直系统工会、区域总工会、产业工会联合会以及基层工会体制机制问题，从重塑组织架构、创新工作机制、优化政策供给等方面打好工会改革“组合拳”，构建了“横向到边、纵向到底、左右聚合、上下联动、工作高效”的工会组织体系，为更好发挥桥梁纽带作用提供了坚强的组织保障。

二、针对问题

组织架构松散：市直工会工委职能交叉、管理分散，部分工会工委作用薄弱，基层工会隶属关系不清，存在“自成体系”现象。

运行机制僵化：缺乏统一规范的工作指引，工会经费使用率、会员实名制录入率等关键指标缺乏量化要求，服务覆盖不全、效率不高。

基层动力不足：市直工会权责不清、资源分配僵化，导致基层工会“被动执行多、主动创新少”，活动开展依赖上级推动。

三、主要做法

（一）重塑组织架构，以最优体系实现最佳协同。

精简优化层级：对 10 个市直工会工委进行撤并改，撤销市级机关工会工委，组建市直机关工会并实行驻会管理；将 2 个作用发挥较好的工会工委改组为工会联合会；将 3 个作用发挥不好的工会工委撤销合并至机关工会；将其他 4 个自成体系的工会工委予以保留。

理顺基层归属：根据隶属关系和工作融合度优化 210 余家基层工会管理权属，将 28 个企业工会委托市教育工会代为联系。加强与两个新城管委会对接沟通，组建智慧新城总工会，厘清智造新城总工会职责权属，制定出台“两城”总工会议事规则和财务、资产管理办法，安排 13 名干部驻点“两城”总工会。

产业链精准覆盖：聚焦衢州“六大标志性”产业链，组建新能源、新材料产业工会联合会，同步建立相应产业链工匠学院，聘请专家导师、劳模工匠挂联工匠学院，联动链上企业实行大事共商、组织共建、人才共育、资源共享、活动共办、服务共融“六共”机制。截至 2025 年，组织开展竞赛、培训、送技入企等活动 7 场次，累计培训职工 4500 余人次。

（二）创新工作机制，以最优制度推动最畅运转。

量化工作标准：制定市直工会工作指引，明确党委（党组）每年研究工会工作不少于 1 次、每年宣传工会工作不少于 4 次、组织开展大型文体活动不少于 2 次、举办劳模宣讲不少于 10 次等，同时对工会经费使用率、会员实名制录入率、医疗互助参保率、会员评会满意率提出量化要求，明确每年工会经费使用率不低于 85%，会员实名制录入率动态保持在 98% 以上，职工医疗互助参保率不低于 95%，会员对工会工作和工会主席满意率在 85% 以上。

下沉服务责任：安排 1 名市总工会班子成员、1 个机关部室挂联 1 个市直工会，定期上门走访，帮助解决难题 23 个；每个新业态工会、产业链工会分别安排 1 名工会干部或工会社会工作者担任副主席或委员，帮助开展工会工作；为市直机关工会配备 3 名工会干部，给予充分资金保障。

分类兜底管理：根据产业特点、地域分布等因素，将产业链工会划归智造新城总工会联系服务，新业态工会联合会以及没有明确联系主体的市本级企事业基层工会由智慧新城总工会兜底服务保障，改变以往市总工会机关一竿子插到底、服务不到位的问题。

（三）优化政策供给，以最优导向激发最大动能。

动态激励考核：制定市直工会星级评价办法，对评为三、四、五星级的市直工会，每年分别给予 0.5 万元、1 万元、1.5 万元经费奖励；对提升改组的 2 个工会联合会，比市直工委每年增加工作经费 1 万元；鼓励市直工会开展建会入会和实名制录入工作，并根据录入工会个数和会员人数补助相应工作经费。

赋权基层自主：坚持职责任务下放，每年年初将工作经费一次性拨付给市直工会，推动市直工会自主开展送温暖、送清凉、走访慰问、技能竞赛等工作；对活动开展不经常、工会经费结余量超过年度下拨额度 50% 的市直工会，暂停下一年度经费补助。

强化能力建设：每年组织 300 余名市直工会人员参加工会举办的业务培训班；采取短期培训、上门送训、“一对一”工作帮带等形式加强业务指导，印发工会工作《一本通》。

四、经验启示

坚持问题导向：以问题为导向，精准定位工作中的薄弱环节，如上下关系不畅、服务覆盖不全等问题，针对性地重塑组织架构，优化管理权属，实现资源整合与协同高效。

加强制度建设：通过制定明确的工作指引和量化指标，推动工作规范化、制度化，确保工作顺畅运转。

激发基层动力：通过经费奖励、任务下放等方式，激发基层单位的积极性和主动性。

甘肃灵台县总工会推动“标准化”建设实现工作效能与职工满意度“双提升”

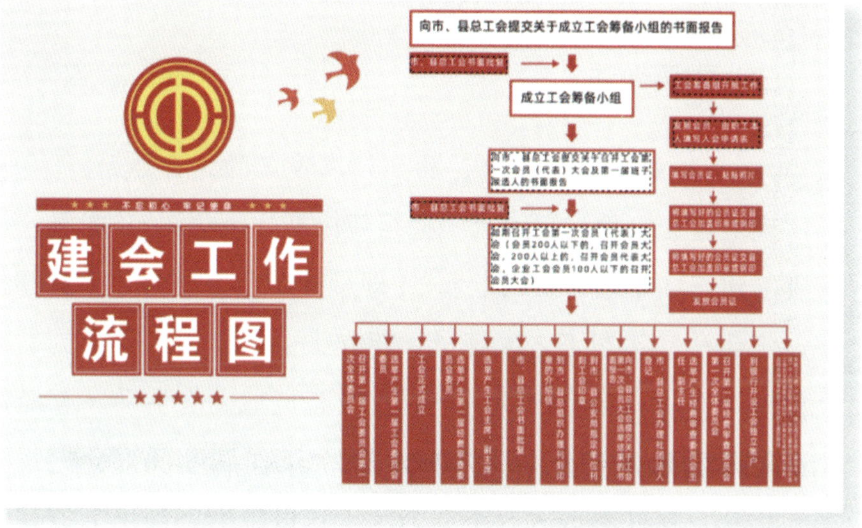

一、案例概述

甘肃省灵台县总工会以“标准化”建设为突破口，构建覆盖组织建设、服务供给、流程管理的全链条标准化体系，有效解决基层工会组建不规范、服务触达率低、工作流程模糊等实际问题，实现工会工作效能与职工满意度“双提升”。

二、针对问题

组织建设不规范：基层工会组建流程随意性大，小微企业覆盖不足，存在“挂牌不规范、档案不健全、阵地不达标”等现象。

服务事项碎片化：服务内容分散，办理流程烦琐，缺乏统一标准，职工办事多头跑、重复跑问题突出。

工作流程模糊：工会经费管理、业务办理等环节缺乏透明规范的制度，工作落实依赖经验，监督机制缺失。

三、主要做法

（一）组织建设标准化，构建精准覆盖的建会体系。

规范建会流程：制定《工会组建标准化流程图》，明确“挂三牌、建三档、五有、四上墙”（即悬挂工会委员会、工会办公室、工会活动室职工之家牌子，建立工会组织、工会会员、工会活动档案，具备有组织、有制度、有场地、有活动、有经费“五有”条件，将工会组织机构、工会工作制度、工会主席职责、工作目标任务等内容上墙公示）建设标准，细化筹备、申请、审批全流程。组建由 3～5 人组成的建会筹备小组，将建会申请批复时限压缩至 10 个工作日，同步配套“一对一”指导小组全程跟进服务。

创新建会模式：创新“工会＋产业链（煤电化产业链、牛产业链、果产业链、菜产业链、中医康养产业链、环保建材产业链）”建会模式，2025 年依托产业链新增 3 个工会组织，吸纳会员 60 人。实施分类建会策略，25 人以上企业独立建会、不足 25 人企业通过联合工会覆盖，女职工集中企业单设女职工委员会，乡镇街道建立基层工会联合会。

（二）服务内容标准化，打造“零跑腿”服务闭环。

梳理服务清单：梳理组织建设、困难帮扶、互助保障 3 大类 12 小项标准化服务清单（组织建设、建档立卡、春风行动、夏送清凉、金秋助学、冬送温暖、临时性生活救助、技能培训、就业创业、技能培训、法律援助、互助保障），明确服务对象、流程及时限。例如，互助保障服务，明确对 16～59 周岁在职患病职工医疗报销后剩余部分进行二次报销。构建快速响应机制，单位工会在提交材料后 1 个工作日内完成初审，并报上级工会进行复审，审核通过后 7～15 个工作日内报销金额直达职工账户，实现“零跑腿、快兑现”。

建设服务阵地：按照“六有”标准（统一标识、合理布局、健全设施、完善功能、规范制度、线上可查）建设 12 个标准化服务阵地，其中 3 个获评“全省最美劳动者驿站”，累计服务户外劳动者 6 万人次。

（三）流程管理标准化，建立全链条效能监督机制。

完善制度体系：全面梳理工会日常工作，制定《灵台县基层工会工作制度汇编》31 项 172 条及《灵台县工会经费及财务管理制度汇编》，形成完备制度体系。设立专门监督小组实时跟踪评估工作落实情况，借助信息化手段搭建线上平台，实现文件流转、经费审批透明高效。

信息化透明管理：构建经费使用“三规范”体系，规范预算编制、报销审核、审计监督流程。细化预算编制，确保经费使用有依据；报销审核严格把关票据真实性合规性，实行多级审核；强化审计监督，定期开展内部审计与专项检查，公开整改结果，接受职工监督，实现全流程可追溯、可监督。

四、经验启示

以标准促规范：针对组织建设、业务办理等环节制定明确标准，提升工作规范性和效率。

以分类促精准：根据不同对象和需求，实施分类管理和服务，提升服务的针对性和满意度。

以监督促落实：加强内部监督，利用信息化手段提升工作透明度，确保各项制度和工作落到实处。

十九、工会系统党建工作

浙江省总工会以大数据应用探索工会公权力监督新模式

浙江省工会公权力大数据监督应用建设推进工作任务清单

工作任务	相关依据	责任单位	完成时间
向全总申请同意浙江试点地区（台州、丽水）困难职工申报工作应用电子公章、电子签名。认可两地试点过程中符合档案管理要求的电子档案与纸质档案具有同等法律效力。建设公司负责在困难职工帮扶应用中开发市县乡镇三级总工会电子公章和困难职工电子签名功能。	《中华人民共和国电子签名法》《国务院关于在线政务服务的若干规定》	保障部、技网中心 建设公司、机关党委	2月23日
台州、丽水两市困难职工公共数据归集比对工作。	《中华全国总工会 民政部关于加强工会组织与民政部门困难职工家庭数据比对和信息共享工作的通知》《关于加强工会组织与民政部门困难家庭数据比对和信息共享工作的通知》	台州市总工会 丽水市总工会 技网中心、建设公司 机关党委	2月23日
困难职工帮扶监督规则库（困难职工帮扶、职工大病医疗互助）及预警模型，研究处置流程，形成工作闭环。	困难职工帮扶相关制度	保障部、技网中心 台州市及三门县总工会 建设公司、机关党委	2月23日
省数字工会困难职工帮扶应用与全总困难职工帮扶应用数据交换。	中华全国总工会办公厅印发《加快工会数字化建设工作方案》	保障部、技网中心 建设公司、机关党委	2月29日
困难职工帮扶监督规则库（困难职工帮扶、职工大病医疗互助）及预警模型，研究处置流程，形成工作闭环。		财务部、技网中心 台州市及三门县总工会 丽水市及遂昌县总工会 建设公司、机关党委	2月29日
市县开通工会公权力大数据监督系统账号，根据市县总工会工作需求进一步优化软件（在应用职工服务端增加困难职工申请资格公告解释说明界面、困难申报初筛资格功能、申报是否通过的短信告知功能、备案成功短信告知功能，操作端增加审核节点短信提醒工作人员功能）。	台州丽水两市总工会和遂昌三门两县总工会提出要求	技网中心、建设公司 台州市及三门县总工会 丽水市及遂昌县总工会 机关党委	2月23日
台州市总工会三门县总工会探索开展困难职工边缘户预警管理相关问题。丽水市总工会、遂昌县总工会结合实际情况研究《遂昌县困难职工补助办法》（试行），探索开展遂昌困难职工“即报即补”补助模式。		台州市及三门县总工会 丽水市及遂昌县总工会 机关党委	2月29日

一、案例概述

浙江省总工会坚持数字赋能，以困难职工帮扶工作为切口，探索开发了工会公权力大数据监督应用系统，对困难职工建档申报、审核、资金拨付等环节进行全流程监督，实现监督工作的常态化、实时化、高效化。

二、针对问题

廉政风险点多发：建档申报资料烦琐、资金拨付周期长，易引发虚假申报、优亲厚友等廉政风险。

数据共享壁垒明显：困难职工帮扶涉及多部门数据，但跨部门数据未打通，信息孤岛导致审核效率低、精准度不足。

监督可视化缺失：缺乏动态化、智能化的监督手段，难以实时追踪问题并预警处置。

三、主要做法

（一）深入调研制定公权力大数据监督建设工作清单。

浙江省总工会机关纪委在基层调研中了解到困难职工帮扶应用数据未实现多源汇聚共享、困难职工申报资料繁多、困难职工申报补助周期长、兑现时效差等问题后，主动会同业务部门及试点地区工会研究，制定《浙江省工会公权力大数据监督建设工作清单》，提出困难职工帮扶应用跨部门数据比对、大数据监督预警和帮扶经费一键拨付等 7 项针对性措施，明确责任单位和完成时限。

（二）逐步破解工会公权力监督数据共享、监督模型建设难题。

浙江省总工会机关纪委协调省总工会技术协会与网络中心向省大数据发展管理局提出数据共享申请，同时指导丽水、台州工会向当地大数据局申请省回流信息、市归集信息中涉及困难职工帮扶场景相关数据，实现与民政、市场监管等部门以及浙江省一体化数字资源系统的数据共享。

针对困难职工帮扶工作中的档案审核进度、职工家庭经济状况、帮扶资金发放情况等19个易发问题环节和廉政风险点，机关纪委和保障部、试点工会深入研究，梳理出工作时效、家庭经济状况、困难职工或其家庭成员是否为公司控股股东等高风险事项7个，建立工作时效预警、困难职工股东和子女就学反向预警等监督模型11个。

（三）运用大数据技术实现公权力监督大屏可视化。

实地学习借鉴省纪委监委公权力大数据监督系统建设经验，协调各方力量运用大数据技术及可视化组件技术，攻关工会公权力大数据监督大屏可视化，依次展示业务场景、监督模型、数据表等，综合运用图表、指标、媒体、地图、3D组件建成公权力大屏、数据监督屏、业务工作屏，主屏实现了困难职工帮扶全景监督视图、多跨场景联动分析等，数据监督屏实现了模型碰撞分析及处置情况跟踪等，业务工作屏实现了业务情况小颗粒度V字模型数据分析等，实现公权力监督“一屏统览”“一键智达”。

四、经验启示

打破数据壁垒实现共享：协调多部门共享数据，解决跨部门数据共享难题，丰富数据维度，为全流程监督提供数据支撑，提升了监督的精准性和有效性。

构建监督模型强化预警：针对易发问题和廉政风险点，建立多种监督模型，实现对关键环节的实时预警和动态监测，防范有效廉政风险。

可视化监督提升效能：运用大数据和可视化技术，打造“一屏统览”“一键智达”的监督大屏，实现监督工作的实时化、可视化和智能化，提升了监督效率和透明度。

黑龙江双鸭山市总工会
建立年轻干部“学讲用”考评激励机制
打造高素质专业化年轻干部队伍

一、案例概述

黑龙江双鸭山市总工会以加强年轻干部理论武装为突破口，建立“学讲用”考评激励机制，将理论学习成效与年轻干部选拔任用、晋职晋升内容相挂钩，充分激发年轻干部理论学习、干事创业的热情和动力。

二、针对问题

学习动力不足：年轻干部理论学习缺乏主动性，存在“时紧时松”现象，学习成效难以量化评估。

培养形式单一：常规学习模式枯燥，缺乏互动性和吸引力，难以满足年轻干部多样化需求。

知行合一不足：理论学习与实际工作脱节，学用转化缺乏有效机制，服务职工能力有待提升。

三、主要做法

（一）聚焦破解动力不足问题，提升“学”的质效。

量化考评激动力：将学习成效量化为集中学习次数、研讨材料质量、案例剖析深度、查摆问题数量、活动表现情况等标准，将其纳入年轻干部个人年度理论学习成效考评，权重占比三分之一。

闭环学习强基础：制订青年理论学习小组“雏雁学习计划”，采用集中学习、专题研讨、案例剖析、问题查摆“四步学习法”，形成闭环学习体系。开展专题式、互动式交流，组织集中学习 9 次，开展专题研讨 4 次，形成书面研讨材料 36 篇。

（二）聚焦破解形式单一问题，丰富“讲”的载体。

多元场景促活力：将年轻干部参加宣讲宣传、研学活动的次数和质量纳入年轻干部个人年度理论学习成效考评，权重占比三分之一。

围绕学习教育讲：组织年轻干部下基层、进企业、深入职工群众，开展作风建设主题宣讲。

围绕帮带互促讲：开展“新老互带·学习互帮”活动，组织年轻干部为老干部进行 DeepSeek 应用等专题辅导 2 场次，组织老干部为年轻干部讲优秀传统、讲家风家教 2 场次。

围绕实际工作讲：通过举办“杜绝违规吃喝”主题辩论赛、“红色剧本杀”、廉洁故事分享会、参观通达雷锋主题社区和廉政教育基地研学交流会等沉浸式、场景式、体验式教育活动，寓讲于乐，以讲促学，推动年轻干部在互动交流中提升本领和能力。

（三）聚焦破解知行合一问题，助推“用”的转化。

实践赋能验成效：将年轻干部学以致用成效量化为参与业务工作和其他志愿服务活动的次数、质量、成果等具体内容，纳入年轻干部个人年度理论学习成效考评，权重占比三分之一。

调研攻坚：围绕工会重点工作发挥作用，组织年轻干部深入基层工会蹲点，就工会组织换届选举、“职工之家”建设等多项重点工作开展调查研究，形成有针对性、有参考价值的调研报告 6 份。

服务群众：聚焦职工群众需求发挥作用，组织年轻干部参与普法宣传、困难职工帮扶、关爱妇女儿童、服务新业态劳动者等活动，开展志愿服务活动 9 次，覆盖 300 余人次，帮助解决职工群众难题 4 件。

创新创效：发挥年轻干部优势，鼓励年轻干部争当视频主播，创新开展“直播带岗”10 余场；录制黑龙江省工会条例、女职工劳动保护条例等普法宣传片。

四、经验启示

考评量化激活力：量化学习成效，将学习次数、研讨质量等纳入考评，激发学习动力。

形式创新增实效：丰富学习形式，通过主题宣讲、互动辅导、沉浸式教育等活动，提升学习趣味性和实效性。

知行合一强担当：推动知行合一，将学以致用成效纳入考评，引导年轻干部深入基层调研、参与志愿服务、创新工作方式，切实将理论学习转化为服务职工群众的实际行动。